急收话语的
语用修辞学
实证研究

蒋庆胜 ◎ 著

中国社会科学出版社

图书在版编目(CIP)数据

急收话语的语用修辞学实证研究 / 蒋庆胜著 . —北京：中国
社会科学出版社，2021.5
ISBN 978-7-5203-7803-1

Ⅰ.①急… Ⅱ.①蒋… Ⅲ.①修辞学—研究 Ⅳ.①H05

中国版本图书馆 CIP 数据核字(2021)第 018337 号

出 版 人　赵剑英
责任编辑　任　明　周慧敏
责任校对　周　昊
责任印制　郝美娜

出　　　版　中国社会科学出版社
社　　　址　北京鼓楼西大街甲 158 号
邮　　　编　100720
网　　　址　http://www.csspw.cn
发 行 部　010-84083685
门 市 部　010-84029450
经　　　销　新华书店及其他书店

印刷装订　北京君升印刷有限公司
版　　　次　2021 年 5 月第 1 版
印　　　次　2021 年 5 月第 1 次印刷

开　　　本　710×1000　1/16
印　　　张　14
插　　　页　2
字　　　数　239 千字
定　　　价　88.00 元

序

　　我对庆胜的了解，最初是通过书信往来，当然也有好友的引荐。我对他发自内心的向学之心印象深刻，感受深切。古人说，西南山水，川蜀最奇。庆胜本已执教于川蜀美丽山水间，衣食无忧，却甘愿"坐守陋室，蓬蒿没户"，坚持苦读，钻研学问，在若干满足于站稳三尺讲台的同龄人中甘当"另类"，实属不易，因而我感动之余也免不了对他多有鼓励。2015年，他决意千里迢迢来到南大考博，面试中所表现出来的对专业知识的熟谙以及对学术的笃定与热情打动了所有考官，顺利考入南京大学，成为我的一名博士生。

　　入学后，庆胜对知识的渴求变得更加强烈。博士就读期间，他充分利用南京大学图书馆丰富的图书资源，遍览著述，乐在其中，在语言学、语言哲学、研究方法、学术论文写作等方面都取得了很大收获，对此我十分赞赏。

　　很快，庆胜就确定了自己的主攻方向。他对修辞研究颇感兴趣。考虑到当前语用学研究的热点话题如语用身份论、人际语用学等都带有修辞的底色，我便支持并鼓励他开展语用学—修辞学的界面研究。选题过程中，他对语用修辞的兴趣落脚在一种日常言语交流中常见的欲言又止现象即话语急收上，我对他以此作为博士学位论文选题的想法给予充分肯定与支持。事实上，通过文献阅读，他发现现有关于急收话语的研究确实有不少可以进一步拓展的空间，比如急收话语的定义还不够清晰，急收话语的理解过程还较少得到关注，急收话语的使用动机还可继续挖掘，尤其是急收话语产生的效果方面缺乏实证研究。带着这些问题，他对急收话语进行了长时间的潜心研究，并于2018年6月顺利完成博士学位论文写作与答辩。论文获得盲审专家和答辩专家的一致好评，如今基于该论文充实完成的书稿《急收话语的语用修辞学实证研究》即将由中国社会科学出版社出版，可喜可贺！

　　该论著具有较高程度的原创性，其首要贡献在于对语用学与修辞学的界面研究——语用修辞学做了较为深入的思考。语用与修辞的界面研究一直是一个研究增长点，但现有研究对语用修辞学的核心内涵和学科定位研究还有待推进，对于语用与修辞结合路径与方式的探索还处于起步阶段，缺乏可供操作的分析框架。在本人的指导下，庆胜尝试把语用修辞学定位为运用语用学理论研究有标记话语的修辞效果的学问，并根据语用学的主要理论工具，如言语行为理论、关联理论、语用身份论、面子论等语用理论探求对应的行事效果、诗意效果以及人际效果，由此搭建出了语用修辞学的分析框架。除了采用界面研究视角外，该书还选用了话语—互动分析法，注重语料和语篇证据，从急收话语省略的内容、说话人动机以及急收话语的效果等方面详细探讨了急收的话语表现、理解过程及语用修辞效果。他的研究发现，急收话语大多省略带有消极色彩的内容，说话人明显带有隐含传递敏感信息从而进行人际关系管理的交际意图，有助于实现行事目标，能够拉近以及疏远人际关系，还能够引起丰富的诗意效果。所有这一切，让我对本书未来的学术影响力充满信心与期待。

　　庆胜博士毕业后与我保持着密切的联系，他经常向我分享他的喜悦、迷茫以及打算，始终保持着对学术的热爱，这无疑是我所希望的。大凡成事者，不必有过人之才，但必有坚忍不拔之志。庆胜无疑具有这样的品性。湍流之下，必有深潭。愿庆胜持之以恒，在学术道路上登高行远，乐不思返！

陈新仁

2020 年 8 月 10 日于南京大学

目 录

第一章　导论

本章拟就本书的研究对象、研究目标、研究意义以及全书结构进行总体介绍。

第一节　本书的研究对象

本研究缘于笔者对一种常见话语方式的持续关注，见如下例子中的画线部分（下划线为笔者所加）：

（1）（语境：在《十亿个掌声》演唱会现场，在演唱下一首歌前的串词。）

邓丽君：接着，我要为您介绍这首歌呢是一首黄梅调的歌曲，因为我小的时候呢，我记得是在八九岁的时候，常常去参加黄梅调的歌唱比赛，<u>现在想起来差不多有二十……二……</u>［观众笑声］我说不说的又说出来了，现在你们都知道我几岁了。

（2）（语境：《鲁豫有约》某期，主持人陈鲁豫与女嘉宾何赛飞聊后者最初拍戏的经历。）

陈鲁豫：虽然拍过戏，其实你也应该知道，拍戏现场拍了很多，最后用的可能是很少的，这点你在拍这个戏的时候应该已经知道了吧？

何赛飞：嗯，有一天毛剪，片子前半段毛剪下来以后，大家去看样片，看完了以后回来以后，自己难受得不得了，房间里面，有点伤心，戏怎么没啦？剪得那么点儿了。实际上我不知道，这个，通过精剪以后，它提炼出来了，那些不要的都不要了，我们不知道，我们说剪没了。特别难受，这样，挺傻的哈？

陈鲁豫：哭了吗？

何赛飞：<u>哭了，在那儿哭，还……</u>［问主持人］说不说啊？

陈鲁豫：肯定是咒骂谁！

（3）（语境：2016 年 5 月 29 日，某教授在一次语言学论坛做报告时的开场白调侃接续他发言的下一位老师。）

教　授：辛老师是高屋建瓴，李老师是中屋建瓴，我自己的是低屋建瓴，<u>到张老师讲的时候就是……</u>

（4）（语境：2016 年 10 月 28 日晚，在北京高铁站，大家都不知道如何去地铁站。）

某女同学：<u>看大家一脸……</u>

（5）（语境：说到高被他自己的得意门生、反贪局长侯亮平盯上，妻子吴惠芬劝省政法委书记高育良不要再保有严重问题的公安厅长、高的学生祁同伟。）

吴惠芬：育良啊，你真要好好想想了，亮平这个人咱们了解呀，他要是死死盯住一个人，他是绝不会善罢甘休的。

高育良：这正是我担心的。

吴惠芬：那你就更不能保祁同伟了，你知道，他背着你做了多少烂事啊？

高育良：如果我现在是汉东省委书记，我会毫不犹豫地拿下祁同伟，用他的脑袋祭旗，<u>可现在人家的终极目标……</u>

吴惠芬：你的意思，<u>沙瑞金他想……</u>天呐，育良，那你更不应该保祁同伟了，你现在自身都难保，你还保得了他吗？

高育良：保得了保不了我都得试试，最起码给祁同伟他们留点时间。

（《人民的名义》第 35 集）

上述例子的来源各不相同，（1）是演唱会，（2）是访谈类电视节目，（3）是学术论坛，（4）是日常生活，（5）是文学作品。笔者还在更多情形下注意到过类似话语现象，这表明，类似现象的分布十分广泛。另外，如果听话人对语境有足够的了解，往往能猜到说话人没有说完的话或者大概意思。笔者还体会到，这些不同的例子似乎有某种共同的特征：说话人认为接下来的话不便说。但又不是一点都没说，而是以"说而不破"（蒋庆胜，2018）的方式隐含地传递了自己的意思。这一点引起了笔者的兴趣。

经查阅文献发现，这是一种早已被西方学者冠了名的修辞现象——aposiopesis。古罗马时期的修辞学家西塞罗（Cicero，约 106—43 BC）在 *De Oratore*（《论雄辩》）一书中就已经描写过这一现象。在 *Rhetorica ad Herennium*（《献给赫伦尼厄斯的修辞学》）（1954：331）中，他说：

> Aposiopesis 是这样发生的：说话人说了一些但却没有将已经开始的话说完。
>
> Aposiopesis occurs when something is said and then the rest of what the speaker had begun to say is left unfinished.
>
> 这种令人起疑的、未明说的方式比详细明说表达得更多。
>
> Here a suspicion, unexpressed, becomes more telling than a detailed explanation would have been.

如下例①：

> (6) The contest between you and me is unequal because, so far as concerns me, *the Roman people* — I am unwilling to say it, lest by chance someone think me proud. (Cicero，1954：331)

例中说话人似乎打算说罗马人不好的一面，尽管临时没有说完（见斜体部分），但不仅说话人的意思在一定程度上得以传达，其欲言又止的说话方式让听话人（或读者）更有兴趣想知道说话人到底想说什么。

如果西塞罗是从形式特征及效果方面描述了这种现象的话，几乎同时代的另一位修辞学家昆体良（Quintilian，约 100—30 BC）在 *Institutio Oratoria*（《雄辩术原理》）（1920：407）中则是从功能方面对其进行了描

---

① 除了直接引用外文原著中的例子外，本研究基本采用汉语例子，因为我们对母语有着更好的直觉。但并不预设急收话语在不同的语言中有何不同。英、汉例子中的斜体或着重号均为笔者所为。

述：它常"用于表示说话人的激情（passion）①或愤怒"或"表示焦虑或踌躇（scruple）"。这可能是对该现象进行研究的源头。

这种现象当然也引起了汉语研究者的兴趣，似乎最早见于修辞学家陈望道，他将"说到半路断了不说或者说开去"的话语现象称为"急收"（2008［1932］：177），从内涵上看，基本等同于"aposiopesis"，因此，本研究此后用"急收话语②"来指称类似现象，并将其初步限定为说话人出于某种目的故意不把话说完而形成的话语缺略现象。

为了获得相对系统和封闭的语料，我们以16部③中国近现代④反映社会现实的现实主义话剧为语料来源，从语用修辞学角度对急收话语这一现象的话语表现、使用者动机及其修辞效果等方面进行较为系统和深入的研究。

第二节　本书的研究目标及意义

在详细梳理以往研究所取得的成绩以及留下的研究空间后，我们打算从当下的研究潮流之一——界面研究视角，具体是采用语用修辞学视角来开展研究。研究对象是16部反映现实的近现代话剧中的急收话语，主要从急收话语省略部分的内容表现、说话人使用急收话语的动机以及所取得的语用修辞效果三方面进行研究。据此，确定了如下研究目标：

一　基于语料系统呈现急收话语的内容倾向及其分布情况以及听话人的理解路径

首先从语料出发，基于语篇证据和母语直觉从不同的维度，如积极、消极等系统概括急收话语的省略内容，然后用卡方检验呈现其分布情况，

---

① 为避免由于笔者的翻译引起误解，本书在某些翻译自英语文献的表达或术语后附加英文原文。也有少量术语出自汉语，但为了让读者知晓英文的对应表达，与相应的英文文献建立联系，也标注了英语。

② 本研究的对象为"急收话语"，有时用"急收"指代说话人的行为。已尽量区别使用，若文中仍有混用之处请读者明鉴。

③ 后文会详细交代为何是16部。

④ 本研究是在通识意义上使用这一概念的，指1840年以来的时期。

目的是弄清急收话语的使用规律。此外，我们还希望通过考察急收话语的省略是否对听话人的理解造成了影响，了解听话人是如何理解急收的。当然，不能简单地以"是"或"否"来回答，而是以归纳听话人理解急收话语的路径来证明其理解状况。

二　基于语料系统呈现说话人使用急收话语的动机

我们首先从语用修辞学分析框架出发，结合急收话语的语篇证据，确定说话人的主要动机。然后呈现说话人动机的分布特征，以观察急收话语的使用特点。最后，还有必要分析说话人是基于何种语境因素做出的急收话语选择的。如此，就能够较为清晰和完整地阐述说话人使用急收话语的动机及其影响因素。

三　基于语料深入分析急收话语的语用修辞效果

根据本研究的语用修辞学分析框架，我们拟对急收话语的行事效果、人际效果和诗意效果进行探析。到目前为止，以往研究还没有从上述几个方面系统阐述过急收话语的修辞效果。可以说，急收使用者的目标能否达成，主要取决于其语用修辞效果。对于效果的衡量，我们坚持话语—互动方法，观察双方的行为和话语反应来确认说话人的目标是否得以实现。

总之，本研究拟从语用修辞学视角研究急收话语的表现、说话人的动机以及所取得的语用修辞效果。上述目标可以通过对下列三大问题的回答得以实现，即急收话语急收了什么？说话人为什么要急收？急收会带来何种语用修辞效果？

通过系统地呈现和阐述急收话语，笔者试图证明本研究有如下意义：

一　本研究可望对急收话语形成更系统和深刻的认识

过往研究虽然早就关注到急收这一现象，但研究显得有些零散，所用研究方法有待更新。本研究选择 16 部现实主义话剧的急收话语现象进行系统的描写和分析，希望能够更为系统地展示急收话语的语言表现、使用者的意图以及语用修辞效果。分析方法上拟采用话语—互动分析法，基于足够的话轮来讨论急收话语，保证结论的可靠性。这就可以加深我们对这一话语现象的认识。

二　本书拟提出语用修辞学分析框架，展示语用修辞学的解释力

本研究打算首先明确语用修辞学的学科定位，并明确研究对象，还打算构建语用修辞学的分析框架。如此，语用修辞学的内容将更加丰富、层次更加清楚，且更为立体化，有望在现有研究（如王峰，1999；马静，2000；张春泉，2004；李军，2005；陈小慰，2007；张少云，2011；等）基础上让"语用修辞学"这一概念的内涵更加丰富和具体化，从而展示语用修辞学的解释力。

三　本研究的语用修辞学视角有望进一步拓展语用学在这方面的发展

我们拟结合语言的主要功能如意动（conative）功能、交际（phatic）功能以及诗意（poetic）功能等（雅各布森，2004）以及语用学的主要理论如言语行为理论、（不）礼貌/面子理论以及关联理论，再承袭修辞学追求（最佳）修辞效果的目标来构建语用修辞学分析框架。把修辞学的研究目标纳入语用学理论的解释范围，就等于接纳了修辞学带来的"丰厚嫁妆"（Piazza，2013：538），从语用学学科发展的角度看，这就拓宽了语用学的边界以及延展了语用学理论的解释力。

四　本研究有利于我们在实践中更好地理解和使用急收这种话语现象

首先，急收话语具有委婉、礼貌等功能，体现为对禁忌或敏感话语的省略。有时候急收话语还显得经济，话未说完，但意思已经传达。了解急收话语的特点与功能有助于我们在交际中更好地理解这种现象。其次，研究急收话语可以让我们更有意识地将其当作会话策略加以使用。我们可在适当的时候用来表达某些可能引起不良人际后果但又不得不说的话语，达到维护人际和谐的目的。再次，急收话语研究对于语言教学、尤其是对外汉语教学会有所启示。急收话语作为一种含蓄的表达方式，有比较重要的人际功能，理解急收话语的机制对于外国人学习汉语会有所助益，能够提高汉语语用能力。最后，如果急收话语的理解机制得到清楚呈现，还会对

人工智能有所启示。人际交往中的会话经常具有跳跃性，充满含混甚至错误的表达，但往往并不影响交际的顺利进行。对诸如急收之类的话语的理解过程进行研究能够为人机对话的研究提供启示。

第三节 本书的结构安排

本书共七章。第一章为导论，介绍本书的研究对象、研究目的与研究意义。第二章为文献综述。首先对研究对象进行界定，通过对急收话语进行大类上的归类，以确定其属性，然后比较与之相似的现象，从而将研究对象切分出来。其次是梳理现有关于急收话语的研究，主要涉及急收话语的特征、功能、分类等方面，最后对现有研究取得的成绩以及不足进行评价，为本研究的展开找到空间。

第三章介绍理论框架与分析路径。首先介绍语用修辞学现有研究所依赖的主要理论，发现格赖斯的语用学理论、言语行为理论、关联理论、各种语用学原则等常被借用来解释修辞现象，其次进一步提炼和概括，结合研究目标，基于言语行为理论、人际语用学理论以及关联理论提出语用修辞学分析框架。最后提出本研究的分析思路图。

第四章是研究设计。首先介绍研究问题，其次对语料的来源、语料的识别和提取方法、标注方法、语料规模等进行说明。最后对语料的分析方法和分析过程进行简要说明。

第五章拟回答第一个研究问题，即急收话语的省略内容问题。首先从语料中归纳急收话语省略内容的主要倾向，其次用卡方分布检验呈现其分布特征，最后归纳听话人理解急收话语省略部分的路径，以回答急收话语是否对听话人的理解造成影响的问题。

第六章对应本研究的第二个研究问题，即说话人是出于何种动机而急收相关内容的。仍从观察语料开始，总结出说话人隐含传递敏感信息以及降格实施言语行为的动机，接着描述这些动机的分布情况，归纳急收话语的主要功能。最后总结说话人选择使用急收话语的语境因素。

第七章回答本研究的第三个研究问题，即急收话语取得的语用修辞效果如何。根据语用修辞分析框架，拟从行事效果、人际效果和诗意效果三方面来回答。最后举例说明这三方面往往也是相互联系的，只是出于分析方便的需要才分开描述。分而述之可满足不同的研究需要，合在一起可体现语用修辞分析框架的解释合力。最后总结本研究的主要发现，包括急收话语的表现、省略内容的分布情况、语用修辞效果、语用修辞分析框架的解释力等，还包括本研究的理论及实践意义，同时指出本研究的不足之处，并展望后续研究的方向。

第二章 急收话语研究现状

上一章明确了本研究的对象，目标和意义，并对论文的整体结构进行了介绍。本章主要回顾现有关于急收话语的研究文献，并进行述评，从而为本研究的展开指明方向。本章首先明确研究对象，其次梳理以往关于急收话语的语言特征研究，然后总结现有研究对急收话语的交际功能的研究及分类研究，并总结现有研究的成绩与不足，最后对本章进行小结。

第一节 术语界定

本节采用由远及近的方式，从概念的谱系上首先试图廓清急收的上位概念，即从类属上看，急收是属于我们直觉上的省略还是其他。其次考察现有文献如何将急收话语从其他类似现象剥离开来。再次梳理现有文献对急收话语的定义，最后提出本研究的工作定义。

虽然本研究拟主要使用汉语语料（见第四章的说明），但下文却引述了不少英文文献，原因在于汉语中的急收话语现象与英语中的"aposiopesis"基本等同①，而关于"aposiopesis"的英文文献不仅数量较多而且研究质量也较高，有借鉴的必要。

一 急收的归类辨析

从急收的句法特征观之，从类属上看，急收似乎是省略的一种。而与省略相似的另一概念是隐含，根据急收话语的表意特征急收似乎又当属于隐含。下文拟简要辨析。同是对省略的研究，早些时候的国内、外的文献

---

① 我们是基于英语和汉语中的类似现象在形式和表意上的基本相同而做出的判断，至于到底是否有跨语言差异不在本书的讨论之列。

一度自说自话，鲜有交流，因此下文分而述之。

国外文献的省略研究通常是从语法角度进行的，且要求省略部分能够精确恢复，比如 Quirk *et al.*（1985：884-888）提供了5项标准来确认省略：1）省略的词可以准确还原；2）省略的结构为语法上的"缺略"；3）补足缺少的词语可得出一个符合语法的句子（其意义与原句相同）；4）缺少的词语可以根据邻近的篇章（而不是根据结构或情境）还原；5）缺少的词语与先行词完全相同（见何自然、陈新仁，2004：252-253）。根据可恢复的语境范围，有人还区分了情境（situational）省略、语篇（textual）省略与结构（structural）省略（见 Yoo，2011：1663），但未见有将急收这种现象纳入省略研究的，故不详述。

国内省略研究有着明显的时段区分：2000年之前的研究基本上受吕叔湘（1979）等的影响，立足汉语本土理论进行研究，区分省略与隐含。21世纪以来，省略研究主要引入了国外的理论视角，基本放弃了"隐含"这一概念，引入了新的视角。为了弄清急收话语属于省略还是隐含，下文首先对这两个概念进行辨析。

21世纪之前的文献着力区分省略与隐含。从语法意义上开始研究汉语省略始于马建忠的《马氏文通》（1898）（陈伟英，2005）。从现代语法意义上对省略的研究主要见于吕叔湘（1979）、朱德熙（1982）、王力（1985）、王维贤（1997）等。纵观现有文献，对省略的研究通常是从语法角度进行的，如吕叔湘（1979：42）称，省略是有条件的，"第一，如果一句话离开上下文或者说话的环境意思就不清楚，必须添补一定的词语意思才清楚；第二，经过添补的话是实际上可以有的，并且添补的词语只有一种可能"。他区分了省略与隐含，认为"'隐含'不同于'省略'，必须可以添补才能叫作省略"（同上：43）。祝克懿（1987）也赞成省略与隐含相区分，认为隐含由省略引起，但"二者没有可逆性，也没有一一对应性"。荣晶（1989）也沿袭了吕叔湘的标准，认为"省略表现为结构上不可缺少的语言成分的暂时脱落"。他还认为，"省略是与非省略相对而言的，任何一种省略式都有与之相应的完整式"，而隐含在他看来"是语言结构中由于语义关系的制约而形成的一种只有语义内容而无实际语音形式的语义成分。隐含成分一般不呈现在表层结构，一旦呈现，会改变原有的句法结构，但不改变语义内容"。王维贤（1997）提出了省略三分法，即语法省略、语义省略与语用省略。他把意念的省略称作语义省略，属语义学范围，结构的省略称作语法省略，属语法学范围，交际上的省略称作语用省略，属语用学范围。这一分法实际上是把隐含也归入省略。郑远汉（1998）研究了省略的性质，用"可召回"作为省略与否的标准。可召回原则是指省略成分一定能从话语环境（包括有关的背景知识）中明确无误地"召回"，这跟吕叔湘的标准无异。范开泰（1999）区分了省略、隐含与暗示。他认为，"'省略'一般专指句法上的省略，'隐含'专指语义上的省略，'暗示'专指语用上的省略"。赵世举（1999）认为，省略句的判断标准是"省略句之省，是相对于自身的与其深层语义结构相应的句法结构而言的，并非相对于其他句子而言的"，并认为这就是省略的实质。

21世纪以后，省略研究受西方语言学理论的影响明显增大，隐含概念不再出现，而从认知及语用角度对省略的研究值得关注。从认知视角出发的有杜道流（2000），他指出，会话省略的情况很复杂，其省略并不考虑句法的完整性。他提出了"焦点控制原则"，认为"离焦点越近，成分保留的概率越大，越远则越小"。陈伟英（2005）也从认知角度探讨省略，认为省略的生成机制简而言之就是心理的省力倾向，体现了交际心力中的省力原则，并称省略的认知过程实际上就是寻找省略成分的过程和规则。成汩涌（2014）也从语言经济学角度探讨了省略，同时强调省略对语法结构的依赖。吴迪龙、赵艳（2010）从认知语言学的"理想化认知模型"（Idealized Cognitive Model, ICM）角度探讨了省略。从语用视角出发的有陈新仁（2009：185），区分了语法省略与修辞省略；李小军（2011）主要探讨了语用省略，认为语用省略"指在话语交际中为了某种语用目的而有意进行的省略"。

急收话语与省略到底是何关系？将急收话语与省略进行直接比较，主要见于国外学者的研究。如 Brandon（1987：93）认为省略所"省去的词可以在语境中找回来"，而急收却不一定。Carlson（2006：130-131）敏锐地指出了急收话语与一般省略的区别，他认为一般性省略是省略了"低信息值"（low-information）部分，而急收是省略"主要信息"（main information），这与杜道流（2000）的"焦点控制原则"相左。Chrzanowska-Kluczewska（2014）也阐释了急收与"规律性省略"的区别，

规律性省略只是"结构设置而非修辞格",而急收是修辞格。Lobb
(2012:179)指出,"同样是沉默和不想继续下去,相对于省略,急收面
临着更直接的威胁而不愿意或者不能将快要得出某个具体结论的话说
完"。这似乎表明,急收话语不是省略。

　　上述研究深化了我们对急收的认识,然而,急收属于省略还是隐含仍
然有待思考。我们得到启示是:首先,如果区分省略与隐含,那么急收现
象不属于省略而属于隐含。上述研究所述的省略的标准是具有唯一、精确
的可恢复性,而急收往往不能精确恢复,因而是隐含的一种[祝克懿
(1987)提及了类似于急收的隐含现象]。其次,如果不论隐含只谈省略,
那么急收是语用省略而非语法省略,因为语法省略强调规则性,而急收的
省略没有多少规则性可言。最后,急收研究的重点可以从认知、语用、修
辞等方面探讨说话人的动机而不是从语法角度研究其句法结构,因为急收
的省略规则不明显,不便从语法角度进行研究。我们以为,急收本质上不
是省略①现象,而是说话人将本要明说的东西隐含化了,可称作"明说的
隐含化",背后有着丰富的说话人动机,这就适合从语用角度进行研
究了。

二　急收与相近概念辨析

　　如果说急收与省略或隐含疑是类属关系而较难区分的话,急收与岔
断、假省、错格等的区别只是技术性的,看似细微,实则不难区分。区分
的目的是把急收现象从其他类似现象剥离开来。由于这些区分基本上是技
术甄别而非观点争鸣,下述区分大多只引述了代表性文献,目的在于帮助
我们认识急收与其他相似修辞格的差异。

　　Shears(2008:183)将急收与岔断区分开来,他认为,"急收虽然也
是半途中止,但并非他人打断,而是说话人自己停止",而岔断是因外在
因素引起的。这在陈望道(2008[1932])那里也早有明确区分。他区
分了急收、突接与岔断(三者合称跳脱):

---

①　一位盲审专家认为既然急收不是省略,后文就应该弃用"省略"一词来讨论急收内容而
将急收用作动词。我们深以为然。但是发现全部使用"急收"也会造成阅读上的困扰,比如
"急收话语的急收内容"似乎不如"急收话语的省略内容"清楚,因此拟继续使用"省略",但
至多是在"语用省略"的意义上使用。

说到半路断了不说或者说开去的，这可以称为急收（177）。

折断语路突接前话，或者突接当时的心事，因此把话折成了上气不接下气，这叫突接（178）。

有些像急收而其实非急收，又有些像突接而其实非突接，这是由于别的说话或别的事象横闯进来，岔断了正在说的话，致被岔成了残缺不全或者上下不接，叫岔断（180）。

Kim（2013：39）对比了急收与"假省"（paraleipsis），假省是说省实际上却并不省，比如美国总统特朗普在推特上说一名记者，"我不会说她是蠢妇（bimbo），因为在政治上不正确"[①]，不说对方是蠢妇却已经说了。与之不同的是，急收"是真正陷入沉默"，尽管被省略的部分有可能在后面的话语中被"显性地表达出来"（同上）。Chrzanowska-Kluczewska（2014：113）还阐释了急收与"错格"（anacoluthon）的区别，在她看来，错格是"通过中途停止正在说的话而转向另一个结构"。错格的成因主要是"记忆不连续或意图的改变"，由于后面快速接续不同的内容，会造成前面短暂的停顿不重要的印象，因此，"尽管会造成句法上的不连续，受话人常常选择忽略"（同上），而急收引起的不连续往往会引起注意。Nelson（2016）简单比较了结论句（apodosis）和急收，比如"做柠檬汁"是前者，"如果生命给你柠檬……"就是后者。前者是基于一定条件的结果，而后者是半路中断了结论。一个是有结果但省略了条件，另一个是有条件（的形式）但省略了结果。

此外，就形式上看，急收与杨德峰（2002）所谓的"半截话"有重合之处。杨文认为，"所谓半截话格式，有两个含义，一是它们是半截话，即句子只说出了前面的部分，后面的部分没有说出来，这些没说出来的虽然可以补出来，但是常常不止一种补法"。这个定义与急收的定义有相似之处，不过他还给出了第二种含义，即"这些半截话形成了一定的格式，格式中的某些词语不能随便变动，而且这些格式都具有一定的能产性"，比如，"你看孩子哭得！""他气得哟！""我把你个臭小子！"格式

[①]　原文是"I refuse to call［her］a bimbo，because that would not be politically correct."见https://en.wikipedia.org/wiki/Apophasis#Examples。（访问时间：2017年8月5日）

不能随意变动这一点与急收差别甚大。

三　急收与打断

这里打算再单独讨论急收与打断的区别，原因在于虽然在概念上很容易区分，但在形式上最难与急收区分开来的就是打断。在陈望道（2008）那里，打断被称作"岔断"。在此，我们打算使用时下更常用的术语"打断"来做进一步区分。所谓打断，在 Zimmerman 和 West 看来就是一种不按照话轮替换规则中止当前说话人话轮，打乱当前说话人构建会话主题的行为（引自吴鹏、张璘，2007）。从形式上看，打断也发生在句子的中间，目的是不让对方把话说完（匡小荣，2005），通常也是用省略号表示未说完。由于形式上高度相似，除了带有常用于打断的话语如"什么？""怎么？""是这样""是这样子的"（吕万英，2005），"等一等""停""慢点""很抱歉、我不得不打断你"等（匡小荣，2005）的话语比较好区分外，不带明显话语标记的打断只能从打断者动机上去区分与急收的区别。打断主要是从上一轮话语的听话人也即打断者的动机出发的，主要动机有"对上一话轮立即做出反应、澄清、指正错误、制止继续上一话轮可能招致的不良后果、表示厌烦、阻止不利评价和应付突发情况"（同上）。此外，从打断者的身份看，通常是处于强势地位的人更可能打断对方，"打断就其本质来说是打断者在话语上对被打断者的控制，而这种控制就是权力的反映"（吴鹏、张璘，2007），但在特殊的语境中，处于弱势的人往往更容易打断对方，如廖美珍、龚进军（2015）就发现，在庭审话语中，女性更容易打断别人，原因可能是"由于传统上的女性的弱势地位，女性从法人员似乎（觉得）更需要表现出强势，才足以支配和控制法庭审判这么一个工具性极强的活动"（同上）。尽管难以区分，但我们还是在具体的语料中根据语篇证据、说话人动机等将急收提取出来（详见第四章第三节）。

四　急收的界定

上文的论述让我们对急收话语现象有了初步印象，本节拟梳理文献中的急收话语定义，并提出本研究的操作定义。关于急收话语的定义，现有文献似乎并无专门研究，而是以转述为主，英文定义以西塞罗和昆体良的定义为源头，汉语中以陈望道（2008［1932］）为源头。不过，现有文献的情形是英、汉文献互不沟通，英语中称为 aposiopesis 的现象，在汉语文献中大多称为"跳脱"。然而，本研究梳理发现，aposiopesis 基本对应于陈望道（2008［1932］）跳脱三分（急收、突接和岔断）中的急收现象。简言之，aposiopesis 不等于跳脱，而汉语有关文献基本都是以跳脱为研究对象，因而在文献回顾部分只好就国内、外文献分而述之。

（一）文献中的定义

英文文献主要是从急收话语的形式和效果两方面来定义的，这与昆体良和西塞罗这两位修辞学家对急收现象的率先描述有关。

1. 传承昆体良侧重急收的功能的精神。如 Peacham（1791［1577］）追溯到古希腊语 ἀποσιώπησις，指突然中断正在说的话，通常是为了平复情绪（overcome the emotion）。Preminger & Brogan（1993：81）也融合了昆体良的见解，把急收定义为"说话人由于过于激动或心烦意乱而不愿意把一句话继续说下去的一种修辞格，也有可能是说话人希望通过隐晦的方式表达威胁的方法"。Baruchello（2015）的定义"说话的突然中断，为了平复情绪"，同样是昆体良式的。

2. 沿用西塞罗侧重急收的效果的定义。如 Berry（1954：186）说，"让句子留一部分不说是为了取得引人注目的效果（dramatic effect）"。Lausberg（1998：394）称"急收就是对所要表达的观点的省略，以中断已经开头的话而得名，有时候会在事后确认省略的内容"。Dascal & Gross（1999：124）也注意到这一现象，认可急收是一种引起"怀疑"的方法。Alexander（2006：37）也认为急收就是描述说话人已经开始却不完成说话行为的一种修辞格。他的增补在于对急收的"未完成"的理解。在他看来，有两种说法，一是将急收看作"话语辞格"，思想完整，但表达不完整；二是看作"思想辞格""不仅句子不完整，想法也不完整，结果可能造成听者不知所言"（同上：39）。他还扼要对比了西塞罗与昆体良对待急收的区别：前者"聚焦于弄清省略了什么及其原因，后者却玩味急收省略处语义的不确定性"（同上：44）。Dimit（2006）也是改述西塞罗的说法，说急收就是"省略某种想法的表达，表现为中途停止已经开始的一句话"。Puttenham（2007：250）的定义是"说话人在说话过程中因觉得没有必要说完，或因羞于或不敢说完而突然停止的一种修辞现象"，也称"沉默修辞法""中断法"等（同上），例如：

(2-1) *"He said you were — I dare not tell you plain：For words once out，never return again."*

3. 将二者定义结合起来。如 Lanham（1991：20）的定义是"中途突然中断话语，有时是因为情绪，有时是为了取效"就是融合了二者的观点。

急收是一个有着古老历史的修辞格，但根据以上的（部分）呈现，我们发现其定义并不统一，有些侧重语言特征，有些侧重效果。本研究并不侧重某一方面，为此，我们打算引用一个相对较新的、《修辞学百科全书》（*Encyclopedia of Rhetoric*）（2006版）的定义作为概括：

急收是一个语用辞格，通过省略预料中的结尾的小句或句子形成突然的话语中断，似乎是因为说话人或作者无法或不愿意继续下去所致。

Aposiōpēsis is a pragmatic figure，signifying a sudden disruption of discourse by omitting the expected end of a clause or sentence，as if the speaker/writer were unable or unwilling to proceed.

该定义首先明确急收是一个修辞格，其次描述了话语特征，最后解释了原因。虽然不算完善，比如没有提及效果，且部分内容我们不见得同意（如"是因为说话人或作者无法……继续下去"），但相对而言，概括性较强。

国内关于急收的定义基本沿用陈望道（2008［1932］）的定义，不过，我们发现问题有二：

一是，陈望道先生的急收定义［"说到半路断了不说或者说开去的，这可以称为急收"（同上：177）］与其所举例证似乎有些不匹配，比如他举的《呐喊》中《狂人日记》的结句"没有吃过人的孩子，活着还有；救救孩子……"一例，我们以为不那么典型：既然是"说到半路断了"，那么句子应该是不完整的。但是，假如我们用句号替代该例的省略号，变成"没有吃过人的孩子，活着还有；救救孩子。"这句话无论从句法上还是从表意上看有不虞之感吗？

二是，现有文献大都笼统地研究跳脱，忽视了三个下位概念的不同性质。简略地说，急收是说话人主动停止，突接是说话人临时因自己的想法或外在条件的改变导致的话语插入，岔断是外力的打断。那么，这三个概念的动因、情形、效果等都不一样，如果混在一起，难免解释不清楚。但现有文献如韩夫（1986），冯学锋（1988），骆小所（1994），彭朝丞（1996），李娓（2004），井怡琼（2012），杨晓红（2012），杨晓红、刘威、梅芳（2012），杨晓红、叶慧君（2012），杨晓红、刘晓玲（2013），姜多（2015）等，都将三个概念混合在一起，得出的结论难免不太内洽。

总之，我们认为，前人基于急收的句法特征、说话人的情绪及取效动机等方面来定义急收对于让我们更好地理解急收很有助益，但也存在定义不清、辨别标准不明等问题。

（二）本书的"急收"工作定义

为了便于语料的选择与提取，本书拟结合急收的可观察特征，如形式特征、语义特征及语境特征等方面来给出急收话语的工作定义。先看如下例子：

（2）只见一个穿墨绿缎服满头珠翠的女子一手拎着裙摆，一手猛力扯住另一名秀女，口中喝道："你没长眼么？这样滚烫的茶水浇到我身上！想作死么？你是哪家的秀女？"被她扯住的秀女衣饰并不出众，长相却眉清目秀，楚楚动人。此时已瑟缩成一团，不知如何自处。只得垂下眉目，低声答道："我叫安陵容。<u>家父……家父……是……是……</u>"（《甄嬛传》第一章）

（3）（语境：由韩红、徐若瑄和任贤齐担任评委的真人秀节目《中国梦之声》第二季某期，男性杨启演唱了《滚滚红尘》，声音与女声无异。）

徐若瑄：你声音是天生的吗？

杨　启：我十二岁的时候被查出来是有家族性遗传的心脏病，我爸在我十七岁的时候也是因为遗传的心脏病嘛就去世了，然后那个时候正好是十二三岁，正好是男孩子变声期嘛，当时就吃很多的药，有些抗凝的药啊，有些就是阻止心脏病复发的药，可能是由于那些药物的作用吧，然后可能变声期我没有变太好，<u>然后就变成……</u>嗯！

　　韩　红："嗯"是什么意思啊？

　　观察上述两例不难发现，画线部分的急收在句子中有明显的断裂，例（2）是书面语，画线处有多处省略号表示停顿，例（3）是口语，在"然后就变成"后面在超过2秒的停顿，我们用省略号代替后面省略的内容。从语义上看，如果不扩展到更大的语境，单凭画线部分，我们无法确切知道省略了什么。结合语境，语义就清楚了：例（2）是由于安陵容知道自己出生卑微，不愿意说她父亲的名字（松阳县丞安比槐）。例（3）无非是说"就变成现在这个样子"，或者"变成像女生一样的声音"。

　　基于上述例子的形式特征、语义特征及语境特征提出本研究的急收话语的工作定义：急收话语是在交际中说话人出于特定交际目的、故意欲言又止、在话语中途停止（在书面语中，停顿处通常用省略号或者破折号标示）的一种话语现象。

　　本研究拟基于上述工作定义来选择语料，首先强调句子的不完整性，以排除"你懂的""你明白的"之类说话人欲言又止，但句子已经较为完整的类似现象；其次强调说话人是出于某种目的的主动停止，而不是因为外在环境的干扰或者自身情绪的迸发所致的无法把话说完的情形为标准，排除类似现象（下文用＊表示疑似急收话语却需要被排除的现象），以提取符合标准的语料（详见第四章），例如：

　　＊（4）周瑞家的道："没有什么说的便罢；要有话，只管回二奶奶，和太太是一样儿的。"一面说一面递了个眼色儿。刘姥姥会意，未语先红了脸。待要不说，今日所为何来？只得勉强说道："论今日初次见，原不该说的，只是大远的奔了你老这里来，少不得说了……"刚说到这里，只听二门上小厮们回说："东府里小蓉大爷进来了。"凤姐忙和刘姥姥摆手道："不必说了。"（《红楼梦》第

六回）

＊（5）（语境：真人秀节目《爱情保卫战》某期，女嘉宾夏天看完准公公说自己的鞋子太贵、短裤太小的视频情绪激动。）

夏天：第二，我脾气不好，这是我的天性。想过改，但是没改掉，但是我也指我们两个人之间的吵架，我一……（哽咽）

例（4）中，刘姥姥本未打算停止，是由于外面有人来，凤姐连忙叫她不必说了，这种被动打（岔）断不是本研究的对象。例（5）中的情形是说话人因情绪涌起，导致无法把话说下去，我们认为也不是说话人的主动选择，虽然客观上能够在受众那里产生一定的效果（这可能是昆体良等将此类现象归入急收的原因），但因为本研究强调说话人主动，故不包括这种现象。

还值得一提的是，某些纯粹的话语修补（self-repair）行为也不在本研究范围内，如下例（基于段小敏，2009）：

＊（6）审判员：这次是什么时候被羁押的？
被　　告：九——二零零零年九——九月十五——十六号。

在这段发生在法庭上的对话中，被告在回答审判员的提问时吞吞吐吐，不断进行修补。如果被告的几次停顿没有撒谎或者拖延时间等动机，只是由于记忆不清导致的话语调整，那么就应看作纯粹的话语修补行为，就不是本研究的对象；如果带有上述目的，例中的停顿就可能是急收现象。当时的语境可以提供判断其是否有某种动机的依据。换句话说，自我修补不一定是急收，而某些急收可能具有话语修补的功能。该个例并不重要，重要的是在日常话语中有不少类似的停顿与修正，清楚认识急收的主动性和修辞性对于本研究十分重要。上文（第一节）所区分的与急收相近的辞格自然也不在本研究范围内，不再举例说明。下面拟扼要梳理现有文献对急收话语的语言特征、功能、分类等方面的研究成果。

第二节　急收的语言特征研究

现有研究对急收话语的特征描述主要聚焦于其形式特征和语义特征。这里的"形式"不必是指生成语言学意义上的句法，虽然也不无关系，或称"句子特征"更合适。

一　形式特征

急收话语的形式特征主要指急收在句子中的表现形式。就急收话语省略的位置来说，通常发生在一个句子的结尾部分（Alexander，2006：40），"传统修辞学还清楚指明句子或话语的结束部分是整个句子或话语结构中最重要的部分"。"急收从哪里开始却无规律可循，但急收总是能够摹写修辞失败的现象，在话语的各个阶段都可能发生"（同上：43）；就急收话语的符号来看，通常"使用省略号来表示自身的不完整性"（economize the code … as a way of indicating its insufficiencies）（Preminger & Brogan，1993）。也有学者也指出，"在书写或打印中，常用省略号或破折号代替急收省略的内容"（Fahnestock，2011：266）。还有人，如著名作家 Sterne 还用星号（asterisks）来表示急收的省略（Chrzanowska-Kluczewska，2014：115）。当然，无论是省略号还是破折号，都不在符号本身，而是代表一种时间上的停顿，"每个破折号在页面上是一样长……但并不表示每个破折号代表的停顿时间也一样长"（Shears，2008：186）。

冯学锋（1988）还从信息论的角度发现"脱落句脱落的一般是新信息的中心，即焦点"，并由此解释了跳脱通常发生在句尾的原因，"一般说来，主语表达旧信息，谓语表达新信息，这也是脱落句句末脱落居多的原因"。他还发现，跳脱"有时候脱落了焦点，会影响信息的传递，这时，需要提示焦点的语义指向（可称为'提示项'），但不能将焦点全'提示'出来，否则就不成其为脱落句了"。

二　语义特征

急收话语省略处的意义具有多义性和可理解性。首先，急收话语的理解具有多义性。Rohrberger & Woods（1979：33）指出，"破折号是表达多义性的基本手段"，急收话语常以破折号结束，因而具有多义性。Naas（1996：92）说，"通过语言省略和沉默，说话人说得更多，也表达得更好"。"说得更多"不是真的说了更多，而是急收的多义性使然。Fahnestock（2011：266）认为急收"能够引人生疑，虽然未明说，但语义比详细明说表达的还要多"。他还引述 Vickers 的看法，把急收作为"表达多义性（polysemous）以及丰富情感（polypathous）辞格的代表"（同上）。

其次，急收话语虽然具有多义性，却较少对受话人的理解造成困惑。Vickers（1984：31）认为急收虽然从句子中断开，但"仍然提供足够多语义信息使之能够被理解"。Dimit（2006：162）认为，急收不仅是截断一个句子的语法结构，它隐含地交际了未明说部分的意义，同时还传递了说话人情感的强烈程度。《修辞学百科全书》称急收话语所省略的内容是"预料中的"，说明有些急收话语虽然句法不完整，但语义在特定的语境下是清晰的。Fomenko（2013）也认为"听话人可以猜到这突然暂停的背后是什么"，因为如急收话语之类的修辞格"创造效果的方式是普遍的，无须听话人具有任何特殊知识"。

第三节　急收的交际功能研究

从现有文献看，急收的主要功能可概括为如下几类：表达说话人的情绪、态度、顾虑等；避免不良后果（如尴尬，诽谤等）；获得语用效果（如强调，委婉，吸引受话人注意，令人相信等）；为了表达的美感、经济性等，分述如下。

一　表达说话人的情绪或态度

在 Quintilian（1920：407）看来，急收可用以"表明说话人的激情或愤怒"，如下例：

（7）"*Whom I* —But better first these billows to assuage."（同上：407）

这句话出自罗马史诗《埃涅阿斯纪》（*The Aeneid*），是海神涅普图努斯对在海面上掀起风暴的西风和东风说的话，"我非把你们——不过且慢，先得把汹涌的波浪平息"，明显带有威胁意味，表明了说话人的愤怒情绪。Alexander（2006：40）也认为急收的发生通常是由于"害怕、羞愧、愤怒或悲伤"，Dimit（2006：164）称急收还可用于威胁。Sullivan（2008：4）指出，"急收常常作为强调手段被称赞，但同时可表示不尊重和简慢"的态度。

二　避免尴尬或不良后果

急收可用于"叙述连续、快速发生的一系列引人关注的事件或处理故事中令人尴尬的情节"（Berry，1954：187），还可表示说话人的"焦虑或踌躇"（Quintilian，1920：407）。《修辞学百科全书》（2006：36）称，"急收能够摹写说话人因情感过于强烈而无法继续说话的形象。也可以传达因淫秽表达或者是日常闲谈引起的羞涩"。如下例：

（8）My sister，I dare say，added he，*does not care to let a man come so near her* — I will not say whether my uncle Toby had completed the sentence or not.（Sterne，*Tristram Shandy*）

本例出自《项狄传》（*Tristram Shandy*），意思是"我敢说，他补充道，我嫂子并不喜欢一个男人这样靠近她的……我不想说托比叔叔是否说完了整个句子"。话语中提到的"嫂子"正要生产，而请来的助产士是个男的，因此产妇冒着难产的风险也不让医生靠近。很明显，急收话语省略的是指产妇的隐私部位的话语。Fahnestock（2011：266）认为使用急收还有可能是为了避免涉及诽谤、自证其罪、浮夸或危险话题等。Fomenko（2013）称，急收的使用可以避免说出"不吉利的词"（ill-omened words），从而起到委婉的作用。

三　增强表达效果

急收还可以"加强因为不能而没有明说的话的效果"（Feagin，1984：51）。"如果开始说话随即停止，会引起听话人的好奇，从而起到强调作

用"（Thomas，2000：403）。Alexander（2006：40）认同古希腊历史学家
Plutarch 的看法，认为有时候"急收省略比明说更有力量，更具效果"，
"有人不仅认为给推理留下空间比明白陈述更有力量，他们还认为沉默具
有表达力"。Newbould（2008：2）说，Tristram 告诉我们，急收是"最讨
巧（neatest）的修辞手段之一，什么也没明说，却激起一系列未明说的可
能性"。"诗人拜伦也擅长使用急收，给读者造成作者就在眼前的印象，
省略部分让读者参与意义的创造"（Shears，2008：184）。Keller（2010：
402）援引昆体良的描述：急收可以达到"如果是说话人说出来的，听话
人可能不相信，如果是听话人自己推理出来的，他却很相信"的效果，
Kim（2013：37）持相同观点，认为听众会"放大"（magnify）说话人没
有说的部分就是因为"通过自己推理出来的要比说话人直接说出来的
更好"。

增强表达效果一方面如上所示，从说话人动机以及听话人理解方面来
衡量急收的表达效果；另一方面，对于文本创作的作者来说，急收还是一
种创作手法。相关研究者从急收的基本定义出发，引向急收对于文学文本
的组织与理解等方面的理论意义。如 Dimit（2006）分析了 17—18 世纪小
说对急收的使用情况作为对当时的流行看法——修辞格是反映情感的自然
语言——的佐证。Mussio（2006）详细分析了急收在但丁诗歌 Commedia
中的作用。Shears（2008）的目标之一是展示急收不仅仅是一个"诗学技
巧"（poetic trick），也是拜伦持续表现自己的存在的方式，让读者感觉作
者就在眼前：

> 故意从句中断开是拜伦持续展示自己的存在的方式之一，造成他
> 就在读者眼前的印象，"感受他写作时的感受"。
>
> Self-consciously breaking off in mid-sentence is part of Byron's way
> of continually presenting himself as though he were present to the reader,
> 'feeling as he writes'（Shears，2008：184）.

在 Newbould（2008）那里，急收不单纯是修辞格，更是一种叙事的
方法。Lobb（2012：179）研究了急收在艾略特诗歌 The Love Song of
J. Alfred Prufrock 中的意义。他声明并不打算研究急收的机制，而是结合

诗歌主人公的怯懦与艾略特早期的诗歌及思想来表明，用急收所表示的避免结论的做法不仅对主人公是合意的，对诗人本人也是如此。①

四　创造表达的美感

骆小所（1994）称，跳脱虽然"句结构形式不完整，但它创造了美"，一种"不虞"之美，出人意料的美。梁宗奎、刘吉鹏（1998）简析了《红楼梦》中急收所创造的"言未尽处意无穷"的美感。王胤枝（2000）分析了跳脱的"含蓄美""情感美""空灵美""意境美"以及"创造美"。李娓（2004）论述了跳脱在古诗中的体现，认为"辞面的断脱并非诗人有意别出心裁，异想天开，而是取决于诗歌深层的'形而上品质'"。

五　追求表达的经济性

Mussio（2006：158）基于但丁的诗歌发现，"急收的使用常常是为了表述的经济性（narrative economy）"。Weideman（2007：631）也认为使用急收是为了"语言的经济性"。

第四节　急收的分类研究

明确对急收进行分类的文献不多，主要见于 Lausberg（1998）和 Chrzanowska-Kluczewska（2014）。Lausberg（1998）发现急收可分为两大类：一是与情绪有关；二是与"权衡"（calculate）有关。情绪急收是由于"说话人情绪的持续迸发与外在环境对这种情感的零反应（not react）的矛盾所引起的"，权衡急收是"所省略的内容与拒绝这种内容的反制力间的矛盾"所致，权衡又可进一步细分为如下情形：与宗教信仰有关；为了尊重听话人（"避免与听话人意见不一致"，"避免令人羞愧的

---

① 有必要借此说明，也许正是由于文本作者有意与读者进行交流，不少文献才把文本中说话人无法进行下去的说话方式也归入急收，因为这实际上不是说话人的急收，而在某种程度上是作者的急收，是作者让说话人"无法"说下去。说话人的非修辞话语方式实际上正是作者的修辞方式。本研究并不打算就急收话语本身去探求作者的创造意图，而是就急收话语会话中的各方的意图进行分析，因此坚持认为急收是说话人有意为之的话语现象。

话语"，"吸引听话人对接下来的新内容的兴趣"），以及为了强调，"通过避免使用完整话语来表征某种更好、更糟，或确实无法言表的东西"来达到强调的目的。

一般情况下，急收发生在一个句子中，但 Fomenko（2013）发现，乔伊斯（Joyce）"在句内和句际"都使用过急收。Chrzanowska-Kluczewska（2014：114）也是根据急收发生的位置做了微观格（micro-figure）和宏观格（macro-figure）之分，微观急收发生在一个句子内部，而宏观急收发生在句际，起到过渡作用，从而具有语篇性。

杨晓红（2012）以《鲁豫有约》为语料，根据跳脱的分类及其应答模式把跳脱分为主动和被动两种，即说话人主动发起或被岔断形成的两种跳脱。主动跳脱的应答（指听话人的接话）模式多为顺接，"即听话人顺着说话人的思路，按照自己的理解接上话语的后续部分"，被动跳脱的应答就是听话人的打断。姜多（2015）对新闻采访中的话语跳脱进行了分析，将跳脱分为"主动有意识跳脱"和"被动无意识跳脱"，还分析了引起跳脱的原因，如引导对方话语、缓和气氛以及改正口误等。

第五节　相关研究评价

从上述关于急收的文献可见，以往研究取得的了可喜的成绩，主要体现为如下方面：一是研究内容涵盖面广。把急收从混杂的语言现象中发掘出来作为修辞手段进行研究，并扩展为一种塑造人物形象甚至拉近与读者关系的写作方法，从日常会话策略到叙事技巧，研究范围已较为广泛。此外，现有文献还对急收的特征、功能、分类等有了较为全面的描写，发现了急收话语的句子特征（在话语中断开、以省略号或破折号结尾等），探讨了急收的多种功能，主要是避免忌讳话语、减轻不良后果、增强表达效果等，这为我们进一步研究加下了坚实的基础。二是急收研究的语料来源广泛，覆盖了文学作品、新闻标题、日常话语、电视节目等诸多方面。这表明急收话语现象的使用频率高，分布也较广，是值得关注的语言现象。三是采用的研究视角丰富，现有研究主要是从文学视角（如 Berry，1954；Dimit，2006；Shears，2008；Newbould，2008；Lobb，2012：179；等等)，传统修辞学①视角（如 Quintilian，1920；Cicero，1954；韩夫，1986；骆小所，1994；彭朝丞，1996；Lausberg，1998；梁宗奎、刘吉鹏，1998；王胤枝，2000；李娓，2004；Puttenham，2007；陈望道，2008；Chrzanowska-Kluczewska，2014；等等），语用学视角（如杨晓红、叶慧君，2012；杨晓红、刘晓玲，2013；姜多，2015；Katrandjiev et al.，2016；等等），语用修辞学视角（如井怡琼，2012；蒋庆胜，2013；等等）等多角度展示了急收的理论价值及实用价值。各视角的独立研究使急收话语在各自视域下得到了较深入的探讨，也为界面研究奠定了基础。

虽然过往研究取得了诸多成绩，但从本研究的角度出发，现有急收研究还存在如下问题：

其一，从研究对象上看，现有研究对急收话语的认识有冲突之处。上文在给出本研究的定义前我们已经就急收话语的定义进行了梳理，在此不再评价急收的定义不清的问题，而是聚焦前人对急收的认识混乱问题。毋庸置疑，由于研究视角或偏好各异，不同的研究者会对同一个研究对象进行不同方面的描写，但这些不同的方面往往相互补充，促进对该对象的全面认识。但如果得出的结论相互矛盾，这就是认识本身可能有问题了。就急收而言，矛盾之一是它是否是修辞现象。Housman（1887：241）称急收"是那些被抑制的话的思想激起了说话人的情感以至于阻止说话人将那些话说出来"，说明内容是先有的，只是没表达出来，不是无话可说。Lehtsalu, et al（1973：63）也认为急收是"作者刻意用之，以吸引读者的注意力"。此外，Merrill & Bolt（1991：41）也说到，急收是"最后时刻的自我抑制"（a last-minute self-repression）。这些研究表明急收话语是说话人有意为之，属于修辞观。不过，Panasenko（2012：1082）认为急收的产生一方面是由于情绪所致；另一方面是"找不到词来表达自己的感觉"，似乎不是修辞观。Shears 也说，"Pope 用轻蔑的口吻说，急收对于无知的人是一个很好的手段，当不知道说什么的时候就可以使用"（2008：184），这也是非修辞观。矛盾之二是将急收与跳脱混用，这就与打（岔）断、突接等现象混淆了，国内文献尤其如此，这使得研究结果

---

① 本研究所谓的"传统修辞学"主要指以往以"辞格分析""语体分析""同义结构分析"等为主的修辞研究取向（详见陈佳璇等，2011）。本研究也关注辞格，但采用了不同于传统修辞学的视角。

有不自洽的可能，因为这些辞格虽然相似，本质上却有不可忽视的差别。比如，杨晓红、叶慧君（2012）从关联理论角度阐释了急收话语的"省力、有意隐瞒"等功能产生的原因：关联性和有意性。笔者部分地意识到了急收的有意或主动性，但囿于跳脱的概念，混同了急收、岔断和突接使得该文结论不能自洽：岔断是外力所致，不具有说话人自身的有意性。杨晓红、刘晓玲（2013）从关联理论角度探讨跳脱的应答模式时也提到"说话人的跳脱具有随意性和有意性的特征，听话人的应答也具备这两个特征"，这一看法在理论上存在可能，但显得有些武断，尤其是听话人选择打断的时机绝非随意为之。

其二，从研究视角看，界面研究还不足。一方面，现有研究主要从文学、修辞学和语言学等视角对急收进行了探索，界面研究明显偏少。从不同的视角出发能够回答不同的研究问题，没有哪一个视角可以完整地描述一个研究对象，自然不必苛求。但对急收进行独立视角的研究虽然取得了一定的成绩，但存在顾此失彼的问题，比如还没有研究较为系统地探讨过急收话语的说话人动机、急收话语的行事效果、诗意效果等，现实上有采用界面研究的必要性。此外，界面研究是目前研究的主要趋势，这并不是说一定要跟随潮流，但必有可取之处。比如，仅仅依靠传统修辞学，在发现和描述修辞现象的表现、效果等方面尚可，但如果要对其进行解释就捉襟见肘了，如果引入工于解释语言使用的语用学理论就会带来不一样的局面。

另一方面，对急收话语进行的现有界面研究本身存在不足。就语用修辞视角看，现有研究对"语用修辞"本身认识粗浅。井怡琼（2012）称，"对《雷雨》中的跳脱进行语用修辞分析"，并认识到，"语用学和修辞学的交叉形成了语用修辞学"，但其结论说"修辞语用学研究的是使用者对具体的社会情境因素的语义表达，对具体的语用规则进行总结，让语言在具体语境中能够更加确切地表达出来。"这跟文章的研究对象矛盾：跳脱是比较含蓄的，而该作者的语用修辞主张是要总结具体的语用规则，使话语能够在语境中更加确切地表达出来，有矛盾之嫌。蒋庆胜（2013）一方面对语用修辞学的主要观点语焉不详；另一方面对急收的语用特征和规则的探讨比较主观和理想化，缺乏足够的理论和数据支撑，说服力欠缺。

其三，从研究方法看，现有研究主要依赖内省法、思辨法等。作为重要的研究方法，思辨法和内省法从研究者自身角度出发能够在一定程度上对研究对象进行阐释，但不足在于主观性较大。就急收的理解而言，研究者个人如何理解无可厚非，但由此推断其他人也会这么理解就显得有些武断。比如杨晓红、叶慧君（2012）认为英汉跳脱有六大功能，即"省力、有意隐瞒、避讳委婉、语误修正、话题转换和威胁恐吓"，作者却没有交代这些功能是如何得来，无论结论正确与否，都缺乏方法（论）上的说明。

针对上述问题，本研究拟大量收集急收话语语料，采用实证研究法，从语用修辞学视角对急收话语进行较为系统和客观地分析。

第六节   小结

本章首先通过梳理文献中的定义对本研究的对象进行明确，发现现有文献的定义有可能与其他类似现象如一般性省略、打（岔）断、突接、半截话等相混淆。为此，我们一一进行了甄别，以进一步突显研究对象。然后就文献中对急收话语的特征、功能、分类等方面的研究进行了总结，还对现有文献采用的理论视角和方法进行了梳理，总结其成绩和不足，以厘清开展本研究的方向。下一章将从语用修辞学角度构建分析框架，为本研究打下理论基础。

第三章　语用修辞学及其分析框架[①]

上一章我们对急收话语的相关文献进行了梳理，在此基础上明确了过往研究的薄弱之处或还未顾及的地方，为本研究探明方向。本章主要介绍语用修辞学的概况及主要理论，然后尝试构建语用修辞学分析框架以及提出本研究的分析路线图，最后进行小结。

第一节　语用修辞研究概述

语用修辞学作为语用学与修辞学的界面研究顺应了学科潮流。随着语用学的兴起，"语用学与修辞学的学科渗透，为中国修辞学研究注入新的活力，提升修辞学术高度，一度形成语用修辞学热"（张会森，2000）。21 世纪初，多项语用学与修辞学相结合的研究计划在国家层面得到重视，如"汉英亚言语的修辞语用功能对比研究""语篇分析中认知修辞学的应用研究""现代西方科学修辞学与语用学""英汉修辞语用认知对比研究"等得到国家社会科学基金资助（董瑞兰、毛浩然，2017）。从内涵上说，语用修辞属于广义上的修辞，"运用语言要能取得效果，有很强的说服力。相应地，语用修辞学就是关于此类语言使用艺术的研究"（陈新仁，2008）。下面就语用修辞学的几个核心问题进行简述。

一　语用修辞学与传统修辞学的关系

任何一门新的、尤其是跨界面的学科似乎都不可避免存在学科谱系中的位置问题。就语用修辞学来说，似乎首先面临的就是母学科语用学与修辞学的关系问题。梳理相关研究，发现主要有如下类型：

[①]　本章部分内容发表于蒋庆胜（2019a）。

（一）"替代观"

Sperber & Wilson（1990，1995）以隐喻、反讽等修辞格为例，证明关联理论可以，且能更好地解释传统修辞学的研究对象。他们（1995：237）发现，"隐喻不需要任何特殊的理解能力或理解过程，不过是很一般化的能力和过程处理的自然结果"。并进一步通过对回声（echoic）现象和反讽（irony）的论述得出结论：

> 这表明，包含了隐喻和反讽以及简单地把它们同"非比喻"用法的话语区别开来的"辞格"这一概念应该被完全摒弃：它把关系不那么紧密的现象归到一起却把关系紧密的现象排除在外。
>
> This suggests that the notion of a trope，which covers metaphor and irony and radically distinguished them from 'non-figurative' utterances，should be abandoned altogether：it groups together phenomena which are not closely related and fails to group together phenomena which are.（Sperber & Wilson，1995：243）

Sperber & Wilson（1990：155）更是明确地断言："隐喻和反讽不是修辞手段（rhetorical device）"。他们"论述的实质是把传统修辞学降格为研究修辞格的学科从而将之与类型学等同起来，再解构修辞格这一概念，从而得出可以将其遗弃的结论"（Nemesi，2013：131）。池昌海（1989）也持替代观，他从修辞学的研究目标出发，转述倪波的观点认为，语用学的目标之一是"如何选择恰当的语言材料使自己的思想、感情得到最佳、最优美、最确切、最符合实际情况的表达，最能影响听众和读者，使其相信、激动，被打动或者愉悦"，这"正是现代修辞学所致力追求的最高境界"，但却只是语用学的目标之一，因此，语用学完全包含修辞学。

（二）"改造观"

Dascal 和 Gross（1999）受到 Grice（1989：28）的启发。格赖斯的目标在于把"过于局限"（too narrow）的"合作原则"（Cooperative Principle，CP）扩展到"影响或指挥他人的行动"（influencing or directing the actions of other）这一目标上来。他们认为，这为"语用学与修辞学的

结合（union）打开了大门"（1999：107）。Nemesi（2013：131）称，与 Sperber & Wilson（1995）不同的是，Dascal & Gross（1999）不是要"废弃"修辞学，而是要"联姻"。他们首次用"联姻"一词来描述语用学与修辞学的关系。然而，他们主张的联姻并非平等地结合，而是以推理为工具，把古老的修辞学"改造"成具有解释能力的认知理论（同上：108）。

（三）"平等结合观"

胡范铸（2004）谓之的"整合"，黎运汉（2004）的"联姻"，林大津、毛浩然（2006）的修辞与语用在语言使用与理解方面的"殊途同归""名异实同"，曹德和、刘颖（2010）的"语用学与修辞学既不是包含关系也不是从属关系，而是平等互补关系"都是平等结合观。Nemesi（2013）称，"我相信，格赖斯语用学与亚里士多德—昆体良修辞学，如同他们的术语可以结合一样，至少可以部分地、有效地结合起来"（130）。Piazza（2013：538）强调要把传统修辞学看着语用学"真正的伙伴（real partner）而不仅仅是前辈"等，都属此类。

无论是"替代""改造"还是"结合"，上述讨论对于语用修辞学的意义在于肯定了语用学（理论）对于修辞研究的重要作用，这是语用修辞学的立身之本，这也是我们为何冒着离题的风险简介上述观点的初衷。

纵观现有语用修辞学的文献，我们以为，现有文献的"替代观"与"改造观"基本上把修辞学看作需要语用学来挽救的学科，忽视了修辞学的独立价值；现有文献对"语用修辞学"本身贡献不足，还主要在寻觅修辞学与语用学的相同点与不同点，以及可以结合的点与面，对于合作的立场、合作的具体方式语焉不详，也没有提出具有语用修辞学特色的分析框架。"语用修辞"虽然作为一个术语得到了广泛使用，但其内涵还未得到足够讨论。以往有关语用修辞的研究主要聚焦语用学和修辞学的结合方式或具体接口（如 Leech，1983；胡范铸，2004，2015；Keller，2010；Issa，2015；等等），对于语用修辞学的学科地位或性质少有论述，目标上过于偏向实用，实践上的条理性和操作性不够。新近相关研究还在呼吁"语用学和修辞学可以整合到一个分析框架下"（Ilie，2018：96），但仍未见提出具体的语用修辞学分析框架，即到底可从哪些方面进行语用修辞分析似乎还不太明确，例如：

（1）姑：嫂子，你俩口儿不呀？

嫂：不不呀。

姑：不不怎么不呀？

嫂：不不还不哩，要不更不啦！（贾大山《干姐》）（引自王德春、陈晨，2001：546）

若不了解语境，例1中的对话会让人不明就里。王德春、陈晨（2001：546）称"要弄懂它的意思，还得进行语用修辞分析"。但"语用修辞分析"显然不仅限于弄懂话语的意思。因此，本书通过思考语用修辞学的学科定位，厘清对象、目标、理论工具等，试图建构语用修辞学分析框架，使其更具系统性，为语用修辞学的深入发展提供参考。

我们借回顾语用学与修辞学的关系说明我们的看法：

（一）语用学与修辞学不是谁吞并谁或谁"改造"谁的问题，也不是"同一学科的两种话语系统而已"（胡范铸，2016）。二者可以在有需要的时候平等合作，如以语用学的理论为工具，以补充研究传统修辞学所忽视的语言使用效果为目标的合作，形成如下关系：

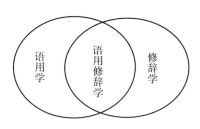

图 3-1　语用学与修辞学关系图

语用修辞学是基于语用学的理论来解决语言使用中的修辞问题的学科，是对传统修辞学的补充（另见侯国金，2016）。语用修辞学的目标不是替代或者改造传统修辞学，而是重点关注语用实践中传统修辞学难以有效解决的问题，如人际问题、行事效果、认知效果等问题。语用修辞学能够回答带有语用学性质的修辞学问题，但不可能解决所有修辞学问题，修辞学还可与其他学科结合，回答不同的修辞问题。按 Leech（1983：15）对语篇修辞与人际修辞的区分，我们以为，传统修辞学更多地属于语篇修辞，而语用修辞学更多地关注人际修辞、社会语用修辞、认知语用修辞等方面。从修辞学学科的视角观之，语用修辞学是修辞学的一部分，更多地聚焦修辞中的人际问题。

（二）前人在语用学与修辞学能够结合的地方，如研究对象，核心概念，理论工具等方面做了有益工作，在实践上也作了大量探索（如张少云，2007；侯国金，2011；2016；刘芳，2012；虞锐，2012；吴春容、侯国金，2015；侯国金、冯梅，2019；等等），但还没有提出可供操作的分析框架。本书认为语用修辞学不是语用学与修辞学在某些零星的点上的偶合，而是一个独立学科，有特定的研究对象和分析框架，因此有必要提出一个分析框架。接下来首先明确语用修辞学的研究对象。

二 语用修辞学的研究对象

在提出分析框架前，有必要明确语用修辞学的研究对象。现有文献较少涉及语用修辞学的研究对象问题。Hou（2020）整合了言语行为理论的"言语行为"与陈汝东（2010）的"修辞行为"，提出语用修辞学的研究对象是"语用修辞行为"，但稍显宽泛。我们以为，语用修辞学的主要研究对象是有标记修辞话语，指从内容或形式上对一般话语有偏离的、包含有修辞格的或基于一定语境为了取得高语效的临时性言语巧用甚至刻意误用[1]等的话语。

这首先得益于 Sperber & Wilson（1995）的启发，他们认为话语"没有完全中立的风格（style）"（218），且他们论述含意产生过程的例子在某种程度上都是有标记的，在瓦解修辞格的特殊性的同时，使用的似乎都是稍显特殊的例子。但我们这里的有标记话语并非如他们的理解（没有中立的风格，那么都是有标记性的），而是认为无标记的、一般的话语在语用学与传统修辞学那里就能得到很好地解释。当然，独立的语用学与修辞学也非常关注有标记话语，但它们各自的侧重点不一样，解释还不够，因此语用修辞学可以更专注于有标记修辞话语。我们所谓形式上的偏离除了语言形式还包括会话方式，如 Sperber & Wilson（1995：194）所举的例子：

---

[1] 更多关于"正用""误用""浮用""惯用""巧用"的讨论详见侯国金（2015）。

（2）Peter：Would you drive a Mercedes？

Mary：I wouldn't drive ANY expensive car.

例中 Mary 的回答是一种间接回答，她认为奔驰是昂贵的车，而自己不开任何昂贵的车，因此她不开奔驰车。间接话语方式会引发含意，含意又会衍生修辞效果。据 Sperber & Wilson（1995：222），"一句话的关联性主要由一系列弱暗含来达到，由此引起的效果就叫诗意效果（poetic effect）"，诗意效果实际上也是一种修辞效果。因此，本书将间接话语方式也看作有标记话语。另外，所谓的"巧用"和"刻意误用"，见下例（均见于网络，不一一标明）：

（3）有一种有聊叫把无聊进行到底。

（4）一个黄昏的早晨，一位年轻的老人，骑着一匹漆黑的白马，拿着一把闪闪发光的锈刀，杀了他最亲爱的仇人。

例（3）中的"有聊"是对"无聊"的临时仿拟，算是一种巧用，虽然固定词汇中并无"有聊"这个词，但由于"有"与"无"的反义关系，读者可以明白其含义。例（4）是刻意误用，因为每一小句都是矛盾的，既然是黄昏就不会是早晨，马不可能既是黑的同时又是白的，锈刀不可能发光，但在一定的语境下（如玩文字游戏），读者不但不会觉得是胡说，还能从中体会到睿智、乐趣以及幽默。

初看起来，有标记话语是传统修辞学的固有对象，但引入语用维度必然具有不一样的视野。从有标记修辞话语这一对象着眼，语用与修辞的长短就显而易见了。修辞的主要目标是取得最佳表达效果。Dascal & Gross（1999）认为判断修辞行为的标准就是它所取得的实际效果（117）。对于修辞来说，重要的是言语交际是否获得了最佳效果（谭学纯等，1992：75），且最佳效果只有一种（同上：87）。"修辞学就是研究提高表达效果的规律的语言科学"（王希杰，2004：7）。既然能够提供提高表达效果的规律，那么对修辞效果的评价也应当是修辞学的长处。

但是，我们以为，一方面，表达效果只是语言使用效果的一种，且更多的是从语篇修辞的角度出发，具有单向性（见胡习之，2002），而具有在线、双向交流性的有标记话语引起的人际后果、行事后果、诗意效果等没有得到传统修辞学的关注；另一方面，有标记话语的效果评价必须基于对语义的有效分析。语义分析不是传统修辞学的强项，却是语用学的立身之本。修辞学一直不是一个解释型理论，且需要不断吸收其他学科的理论，即便是当下的"当代修辞学"也是如此。当代西方修辞理论权威刊物《哲学与修辞学》创刊人就20世纪70年代及90年代的重要修辞课题归纳发现，修辞学家们基本上都着眼于引进而不是输出理论，比如在他看来本应是"维特根斯坦思想体系的修辞学基础"的课题实际上却成了"维特根斯坦对待修辞的态度"。（见刘亚猛，2008：319）因此，对有标记修辞话语的说话人意义、言外之意等的研究不是传统修辞学的重点或长处。

虽然语用学能够为修辞学提供理论支援，但单就语用学来说，其重点不是表达效果，而是"探究各种语境条件下语言的最低理解"（王德春、陈晨，2001：537）以及语言使用的原则。"语用学从未把如何提高效果视为目标对象"（见曹德和、刘颖 2010，注①）。虽然关联理论十分关注效果，不过，此效果非彼效果，关联论与修辞学"所谈的'效果'并不是一回事"（详见宗世海、刘文辉，2007）。语用修辞学所关注的人际效果、行事效果等也不是语用学的主要兴趣，因而才有 Gu（1994）将言语行为理论中的言后行为挤出语用学、归入修辞学范畴的做法。如果从有标记话语这一对象再反观语用学、传统修辞学与语用修辞学的关系，也是各司其职而非替代关系，图示如下：

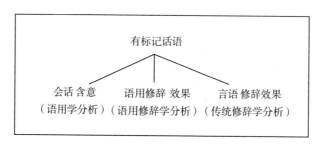

图 3-2 语用学与修辞学分治图

以有标记话语为研究对象，语用学更关注其传递的会话含意，传统修辞学可能聚焦于其取得了何种言语方面的修辞效果，而语用修辞学则侧重话语取得的语用修辞效果①。

第二节　语用修辞学的主要理论基础

上节梳理了语用修辞学与传统修辞学的关系以及明确了语用修辞学的研究对象,本节将介绍语用修辞学的主要理论基础,分别是言语行为理论、关联理论以及(不)礼貌/面子理论。然后较为详细地交代为何是上述理论而不是其他理论的理据。

有学者指出,"语用学在理论和方法建设上棋高一着,当前修辞学需要更多地向语用学求经问计"(曹德和、刘颖,2010),这不无道理。语用修辞学应该更多地依赖语用学的理论工具,但并非简单地征用语用学的各个理论就能解决语用修辞分析问题,还需围绕特定的目标进行整合。有学者建议,语用学研究应以言语行为为中心来统领各个断裂的范畴(胡范铸,2017),而鉴于修辞会话或语篇都可看作复杂的言语行为(Van Ee-meren & Grootendorst,2004:51),修辞学的核心概念也应当是言语行为(胡范铸,2015),因此,语用修辞学也当以言语行为为核心,"构拟一个整合修辞学和语用学的语言运用研究范式"(胡范铸,2004)。

不过,需注意的是,言语行为研究也存在一定意义上的断裂:无论Austin还是Searle,都偏爱施为行为,即说话人意图,对于成事行为,即话语的效果少有关注,其后果是过于关注说话人意图是否得以实现而忽略了话语的其他修辞属性。因而,我们以为,语用修辞学也当以修辞话语所实施的言语行为为中心,但不仅是以施为行为(即交际意图)为核心,而是要兼顾成事行为,整合人际、审美等维度,在探求修辞话语所取得的语用修辞效果的前提下有机整合语用学理论工具,拓展修辞学的研究范围。如此,言语行为涉及的几大主要范畴"行为主体""人际""意图"(胡范铸,2017)以及审美等就整合起来,也就把语用学中的言语行为理论、(不)礼貌理论(如 Leech,1983,2014)、关系管理理论(如 Spencer-Oatey,2008;陈新仁,2018a)、语用身份理论(陈新仁,2014a,2018b)、关联理论(Sperber & Wilson,1986/1995)等整合到了语用修辞

---

① 语用修辞效果的具体内容见后文分析。

学理论框架下。

一　言语行为理论

言语行为理论（Speech Act Theory，SAT）的伟大创见起于 Austin（1962），在 Searle（1979）那里变得更加成熟，后者也许不完全是对前者的超越，但是基于前者的进一步思考，具体体现在言语行为分类以及间接言语行为上。Searle 把言语行为的分为阐释类（Assertives）、指令类（Directives）、承诺类（Commissives）、表情类（Expressives）和宣告类（Declarations）（1979：12-17）。其主要分类标准是基于"施为目的"（based on the notion of illocutionary point）（同上：13），在句法上分别对应于"I predict John will hit Bill""I state that it is raining""I order you to leave""I promise to pay you the money" "I apologize for stepping on your toe"（21-23）。不过，在实际话语交际中很少会按上述"公式"化的句式进行，而是充满含混和不确定。"间接言语行为"就是表现之一。间接言语行为表现为句子的言外行为是通过另外一个言外行为间接表达的（31）。

我们更加关注的是，言语行为当如何判定。对于间接言语行为的类别判断，基本没有固定的句式，只能如此判断说话人意图：

> 在间接言语行为中，说话人向听话人交际的内容比他实际所说的内容要多，这是依赖双方共有的语言或非语言背景知识、听话人的理性以及推理能力来实现的。
>
> In indirect speech acts the speaker communicates to the hearer more than he actually says by way of relying on their mutually shared background information, both linguistic and nonlinguistic, together with the general powers of rationality and inference on the part of the hearer. (Searle, 1979：31-32)

这基本上就是说要依赖语境来判断说话人真正实施的言语行为，只不过在 Searle 那里似乎没有真正重视语境的作用。

对于更加细致的言语行为判断标准，拟参照毛延生（2013：82）的列表：

表 3-1　　　　　　　　　　言语行为判断标准分类表

言语行为类型			判断标准
断言类	表述行为		陈述命题的真假
	提醒行为		告知是听话人不应该忘记做的事情
指令类	请求	信息	请求听话人提供说话人不具备的信息
		确认	请求听话人确认某事是真还是假
		允许	请求听话人赋予说话人实施某一行为的权力
		行动开始/取消	请求听话人实施或者终止某一行动
	建议		建议听话人（和说话人）一起做某事
	劝说		通过论辩而使听话人相信说话人话语或行为的合理性
承诺类	拒绝		说话人让拒绝实施听话人期望的行为
	允诺		向听话人保证说话人会做某事
	警告/威胁		警告或威胁听话人如果条件成熟会做某事
表情类	赞美		说话人对听话人予以表扬
	反对		表达与听话人观点不一致的想法
	安慰		把听话人从压力或者痛苦中解救出来
	夸耀		以适当的方式告知听话人的优点
	讽刺/取笑		对听话人的某些特点予以讽刺性的评价
	抱怨		表达对某人或者某事的不满
	指责		因为所言和所行不合常理而指向他人的批评
	道歉		因为所言和所行不合常理而指向自我的批评
	感谢		因听话人为说话人所做的事情而表达感激
宣告类			改变某人关心的事物的状态或条件

上表的主要优点在于在言语行为的识别上比 Searle 等人的标准更加清晰，更具操作性。

二　关联理论

根据本研究的需要，我们简要介绍关联理论的基本概念，话语理解的机制以及诗意效果。

（一）关联理论的基本概念

关联理论（Relevance Theory，RT）对人类交际的解释基于一项重要假设：人能够自动以最可能具有处理效率的信息为目标（Sperber &

Wilson，1995：49)，这种信息具备的一个重要性质就是"关联性"(relevance)。依赖的模式是基于"共有认知环境"(mutual cognitive environment) 的"明示—推理"(ostension-inference) 模式。关联无疑是关联理论中最重要的概念，定义如下：

限度条件 1：假设在语境中的关联程度取决于其语境效果有多大。
限度条件 2：假设在语境中的关联程度取决于所需的处理努力有多小。
(Sperber & Wilson，1995：125)

语境效果对于个体的人来说就是认知效果 (同上：265)。也就是说，关联是从两方面决定的：认知效果与处理努力，积极认知效果越大就越关联，所需的处理努力越小也越关联，可用如下公式直观地表述 (见陈新仁，2009：159)：

$$关联 = \frac{认知效果}{处理努力}$$

根据上文的基本假设，Sperber & Wilson (1995：260) 更具理论高度的概括就形成了关联理论的认知原则和交际原则：

认知原则：人类认知倾向于与最大关联相吻合。
交际原则：每一个明示刺激行为都预示了自身的最佳关联性。

认知原则的内容是，人脑倾向于以最小的处理努力获取最大的积极认知效果的方式分配注意力 (Clark，2013：107)，且大脑就是这样设定的，无须刻意这样做 (同上)。理解交际原则的重点是明白"最佳关联假设"(presumption of optimal relevance) (Sperber & Wilson，1995：270)：

a 明示刺激信号足够关联，值得听话人为之付出处理努力。
b 明示刺激信号是不超出说话人能力和不违背说话人意愿的最大关联信号。

值得注意的是，最佳关联假设强调了说话人的交际意愿和偏好，这优于格赖斯的合作原则，如 Wilson 和 Sperber（2004：613）所说，在格氏的框架中，"违反量原则的第一条次则总是（invariably）表明说话人没有能力（INABILITY［原文大写］）而不是不愿意（UNWILLINGNESS）提供足够的信息"。两条原则的关系是，交际原则建立在认知原则的基础上（Sperber & Wilson，1995：263）。

（二）关联理论的话语理解机制

关联理论的话语理解机制是"以关联为基础的理解机制"（relevance-theoretic comprehension procedure），内容如下（Wilson，2015：613）：

　　　　a 遵循最省力原则计算认知效果：按可及性（accessibility）顺序检测理解假设（消歧、指称赋值、弄清含意，等等）；
　　　　b 当关联期待得到满足（或抛弃）时即停止。

虽然是以顺序的方式展现理解的步骤，但并不表示话语的理解过程是首先解码获得逻辑式，然后获得显义，再得出含意，而是一个显义与含意的"相互平行调试"（mutual parallel adjustment）（见 Clark，2013：121）的过程。

（三）诗意效果

根据 Sperber 和 Wilson（1995：222），"诗意效果"（poetic effect）就是：

　　　　我们把通过一系列弱暗含获得其关联性的话语引起的独特效果称为诗意效果。
　　　　Let us give the name poetic effect to the peculiar effect of an utterance which achieves most of its relevance through a wide array of weak implicatures.

从中我们可以看到，诗意效果是一种"特殊效果"（peculiar effect），其产生于通过一系列弱暗含来寻求某话语在特定语境下的关联性的过程中，与弱暗含有紧密的联系。可以说弱暗含是产生诸如诗意效果等修辞效果的根源（陈新仁，2004b）。

对于诗意效果的来源，现有研究主要是围绕诗意效果该由说话人负责还是听话人负责展开讨论的。诗意效果来源于话语的弱暗含。而弱暗含是含意的一种。根据 Sperber 和 Wilson（1995：195），含意是"说话人意欲使自己的话有关联，并显明地向听话人明示的一种语境假设或语境隐含"，产生过程是，说话人对自己的话语应该如何达到最佳关联有着显明的期待，听话人对说话人话语含意的恢复就是根据这种期待推理而来（同上：194）。强暗含（strong implicature）是指听话人被强烈鼓励（但不是强迫）去理解的隐含前提和隐含结论，当这种鼓励越弱，听话人可以选择的可能范围就越大，暗含也就越弱（Gil，2015：392）。换句话说，听话人理解的"弦外之音"越符合说话人意图，暗含就越强；反之，离说话人意图越远，暗含就越弱。Sperber 和 Wilson（2005：370）称，可选择的选项越多，暗含就越弱，听话人也就承担所做选择的更多责任。由此可见，说话人意图是区分含意强弱的标准，越是说话人意欲传递的暗含，说话人承担的责任越大，而越是听话人自己的理解，听话人的责任就越大。比如区分隐含（implication）和含意的标准就在于是否为说话人所意欲传递的，若是即为含意，若不是就是隐含（Clark，2013：218）。然而，这一点受到不少质疑。Wiele（2016：55）称，含意中的说话人意图由强到弱是一个连续统，因而很难区分当暗含弱到什么程度就不再带有说话人意图。Gil（2015）认为完全没有必要确定到底某个弱暗含是否"完全"（completely）不在说话人意图内：可能越是听话人的责任，暗含就越弱（393），弱暗含的获得主要是或者完全是基于听话人的阐释（397），因此，他认为"意图谬误"（intentional fallacy）应该被抛弃（394）。这样就把说话人意图之外的暗含也纳入了含意的范围，不仅"非常弱的暗含也是日常会话的一部分"（397），有时候听话人会有意忽略说话人意图而进行推理，也叫"聪明人的理解"（wise-guy interpretations）（402），这种刻意曲解也许也与弱暗含有关。也就拓展了含意研究的范围。但这种意图外的意义（unintentional meanings）也给语用学理论带来了挑战（394）。

另外，有研究关注了何种语言形式或表达更有可能产生诗意效果。Wiele（2016：55）发现，"并不是所有的话语都会产生诗意效果，包括一些修辞性话语,如果理解很固化,就不会带来诗意效果。过于新颖而失去关联性的话语也不会产生诗意效果"。Pilkington(2000:18)认为稍显奇怪的语言、古词语(archaisms)、同义反复等手段可以造成陌生化(de-familiarization)效果,而"陌生感"会增强诗意效果(陈新仁,2014b),这与Bullough的"心理距离"(psychical distance)说不无相似之处(详见邓兆红、陈新仁,2016)。而"说话人经常通过使用不足以(有时候是严重不足以)编码思想或命题的语言成功地交际想法或命题"(Carston,2009:54),这种有意或无意的"不足"也是造成陌生化效果的重要手段。Haugh(2015:19)发现间接话语有"美学的/修辞的(aesthetic/sty-listic)"特征也可能与间接话语的陌生化效果有关。这说明,只有那些在一定程度上能够引起"陌生化"效果但又不至于毫无关联性的话语才值得付出更多的认知处理努力。

三　(不)礼貌/面子理论

近几十年来的礼貌研究主要源于Brown和Levinson(1978,1987)。他们(1978:66)将"面子"看作人们在交往过程中可以失去、保持、提升的东西,并认为面子是"典型人"(MP)的基本需求(同上:67)。他们将面子分为消极面子和积极面子,前者指个人的行动自由、自主权不受干涉,后者指个人为他人所接受、欣赏的需求(同上)。因此,在语言活动中,话语双方就应虑对方的面子需求而选择相应的礼貌话语。然而,实际生活中的各种言语行为都可能威胁到面子,可称为"面子威胁行为"(Face Threatening Acts,FTA)。实施面子威胁行为时,说话人可选择不同的礼貌策略来维护对方或自己的面子。根据面子的分类,可采用的策略分为消极礼貌策略和积极礼貌策略(同上:74)。Brown和Levinson(1978:81)还提出了面子威胁权重的计算公式来反映生活中语言活动的动态性和复杂性:

$$W_x = D\ (S,\ H) + P\ (H,\ S) + R_x$$

W_x指具体的面子威胁言语行为FTA的数值,D是指说话人与听话人之间的社会距离,P是听话人与说话人的相对权势,R指一个具体的FTA在特定的文化语境下的胁迫程度。S指说话人,H为听话人(同上)。他们还强调了D,P,R在不同的语境下凸显程度不一样,礼貌策略的选取也会不一样。

他们的理论也受到不少质疑，比如 Chen（2001：88）认为，Brown & Levinson（1978，1987）及后来的礼貌研究者有一个共同问题就是"只关注对他人的礼貌，说话人自身的礼貌被忽视了"。Chen 对"自我礼貌"（self-politeness）的定义是"说话人出于维护和提升自身面子的需要而选择相应的说话内容和话语方式的交际情形"。其"自我"不仅指说话人，还包说话人一方的亲戚、朋友、同事、顾客，甚至组织、职业等。相应地，对他人礼貌是指说话人为维护和提升他人的面子而选择相应的说话方式。作者还把"他人"扩展为包括听话人及听话人一方的人或者组织，甚至职业等（同上），这有助于我们更好地理解礼貌现象。

至今，礼貌研究图景已大有不同，据 Locher（2015：5），从 20 世纪 90 年代起，礼貌研究已从"面子维护和面子提升转向冲突和面子威胁行为"，也就是礼貌研究和不礼貌研究并重。作者主张从"人际语用学"（interpersonal pragmatics）视角来研究礼貌现象，这已成为当下礼貌研究的主流趋势，响应者众。比如 Haugh（2015）以"Im/Politeness Implicatures"（不/礼貌含意）为书名，并提供了间接话语的主要人际功能图（翻译如图 2-3）（15），这也能够为本研究所用。由于后文还会提及，因此这里不详细说明。

上面我们扼要介绍了语用修辞学的主要理论基础，接下来有必要解释为什么是这几个而不是其他理论。拟从两方面回答：一是上述方面是现有语用修辞学研究所依赖的主要理论；二是语用修辞学的研究目标和研究内容使然。分述如下：

（一）上述理论是现有语用修辞学研究的已然选择

借用语用学理论来解释修辞现象是现有语用修辞研究文献的主流做法，体现出的主要倾向有如下三个方面：

（1）混用语用学中的各种原则解释修辞现象

Leech（1983：15）认识到传统修辞学的研究重点主要是语言使用的效果及取得效果的方法，而语用学也同样关注说话人的话语在听话人那里产生的效果。他区分了人际修辞和语篇修辞，并概括了一套人际修辞原则，如合作原则（CP）、礼貌原则（PP）、反讽原则（IP）等。他全书的重点在 PP，分析了社会因素对言语行为的影响。Gu（1994）把 Austin 言

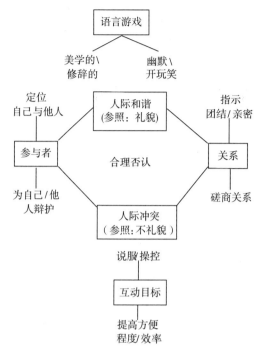

图 3-3　间接话语的主要人际功能图（Haugh，2015：15）

语行为三分（言内行为、言外行为和言后行为）的言后行为（perlocutionary act）挤出（expulsion）语用学而归入修辞学范畴，用 Grice 的合作原则进行解释，就形成了语用学与修辞学的合作。他区分了两种合作，即语用合作和修辞合作，前者关于信息目的；后者关于修辞和超语言目的的实现（181）。Keller（2010）借用了语用学的合作原则、礼貌原则、关联理论、面子理论等解读《奥赛罗》中的修辞手法，语用学使得古老的修辞学变得与时俱进，既是修辞表达的指南又是分析的方法（398）。Issa（2015）也是借用语用原则分析修辞现象，从语用学的礼貌原则和面子理论研究了电视节目嘉宾对话的修辞取效策略，如使用敬语、隐喻、谚语等方式避免不礼貌或面子威胁行为。

（2）借用格赖斯理论解释修辞现象

现有文献对格赖斯理论的借用主要集中于含意、意图等概念（这里不包括格赖斯的"合作原则"）。Dascal & Gross（1999）看到了格赖斯语用学与古典修辞学整合的可能，为语用修辞学的诞生做了奠基性工作。

他们的重点在将亚里士多德的古典修辞学与格赖斯的哲学语用学结合起来。具体做法是期望把语用学的"推理"引入修辞的创造（invention）、理质、情质、气质、风格以及布局（arrangement）等所有环节（同上：112）。这样做的好处是，对于修辞学来说，能够摆脱"技巧包"（jumble of techniques）的印象而真正成为具有解释力的理论（129）；而对于语用学来说，可以把解释范围扩大到说服性话语、互动话语中的风格与组织方式甚至说话人的情感与性格等方面，而不仅仅是信息（informative）类话语（同上）。Larrazabal & Korta（2002）结合语用和修辞进行了话语分析，特别是说服话语（persuasive discourse）的分析，并首次使用了"pragma-rhetoric"（"语用修辞学"）这一概念。在他们看来，语用和修辞的结合点在"意图"（intention）这一概念上，正是意图使得语用和修辞处在同一个平面上（34）。Nemesi（2013：129）主要关注传统修辞学中的"缺省逻辑"（enthymeme）与语用学的"含意"（implicature）的相似之处，正是它们把语用学与修辞学联系起来。另外，Piazza（2013：555）认为，古典修辞学的气质①（ethos）、情质（pathos）、风格（style）、话语组织（arrangement）等都离不开"理质"（logos）也即逻辑，这是给语用学的"最好嫁妆"，这显然是秉承了 Dascal & Gross（1999）的思想。

（3）借用言语行为理论解释修辞现象

Van Eemeren & Grootendorst（2004：51）将辩证理论与奥斯汀和塞尔的言语行为理论以及格赖斯的理论整合为修辞学的"语用—辩证的论辩理论"（pragma-dialectical argumentation theory），将无论是语篇还是会话都看作复杂的言语行为。Amossy（2001：5）试图结合语用学的言外之力与社会学的语言与权势来分析修辞学概念"ethos"（气质）的作用，基本上是运用语用学及社会学对古典修辞学概念"气质"的重新阐释。

上述内容虽然看起来有些杂乱，却给我们指明了语用修辞学所依赖的主要理论，即格赖斯的合作原则与意义理论；言语行为理论；关联理论以及礼貌、面子理论。这几个理论不是语用学理论的全部，还有更多理论或概念能够参与解释修辞现象，但无疑是较为典型的几个。为了避免不要的

---

① 本书根据侯国金教授的建议使用"情质""气质""理质"，对译"pathos""ethos"和"logos"。

重复以及更加概括化，冒着简单化的风险，结合相关理论的新近发展，我们认为语用修辞学的主要理论可以依赖言语行为理论、关联理论（包含或升级了格赖斯理论的部分核心内容）以及（不）礼貌/面子理论。

（二）上述理论是本研究的语用修辞研究目标和内容的合理选择

本研究的目标是探讨说话人使用急收话语的动机、听话人的理解以及取得了何种语用修辞效果。"说话就是做事"（Austin，1962），用话语做事就会涉及人际关系，而人际关系的好坏又会影响做事的结果，基于这样的简明逻辑就可以知道本研究目标的实现会涉及言语行为理论、（不）礼貌/面子等人际关系理论以及关联理论。由于后文会长篇论述本书的研究内容，这里不详细说明。

还需说明的是，上述三个理论（分支）在语用学下是三个相对独立的理论，但在目前的语用修辞学下，我们只取所需，并不是完全借用上述理论的各个方面。换句话说，他们在语用修辞学下不再是完全独立的理论，而是为了解决语用修辞问题而相互借力的几个方面。这或许可以减少对这三个理论在本书中有分散之嫌的疑虑。

第三节　语用修辞学分析框架建构

上文明确了语用修辞学的基本立场，但具体到实践中能够从哪些更具体的维度来分析语用修辞现象？我们拟根据前面所述的在语用修辞学中起主要作用的几大理论，即言语行为理论、关联理论以及（不）礼貌/面子理论引入施为语用研究视角、认知语用研究视角以及人际语用研究视角。相应地，结合修辞目标，就有了施为语用修辞、认知语用修辞、人际语用修辞等维度。为了使这些语用维度带上修辞研究的色彩、回答修辞学问题，就需再下沉一级，更具体地指明各个维度是如何为修辞研究服务的。我们以为，从社会语用修辞维度可以回答有关（但不限于）人际效果的问题，从认知语用修辞维度可回答修辞话语的（但不限于）诗意效果问题，从施为语用修辞角度可回答有关（但不限于）行事效果的问题。图示如下：

上述分析框架的提出不是无源之水，而是有一定的理论基础，是基于

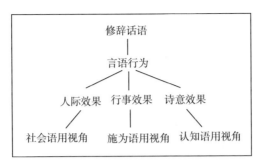

图 3-4　语用修辞学分析框架图

对前人文献、学科研究特点的充分思考而提出来的。首先，该分析框架具有较充分的文献基础。图中的"施为语用修辞""社会语用修辞"和"认知语用修辞"是从现有关于语用修辞学研究文献中归纳出来的。对应的"行事效果""人际效果"和"诗意效果"三方面也不是随意为之，而是源自语言的基本功能，基本等同于雅各布森（2004）语言功能六分法中的意动（conative）功能、交际（phatic）功能以及诗意（poetic）功能。意动功能的句法表现"见之于呼唤语和祈使句中"（177），类似于我们所谓的行事功能。交际功能与诗意功能更是直接支持了上述分类。这三个方面分别对应语用学理论中的言语行为视角、人际语用视角以及认知语用视角，涵盖了语用研究的主要方面，或者说借助了语用学能够提供的主要理论工具。前文尽可能全面地呈现了前人就语用学与修辞学相结合的探索成果，尽管尚未形成体系，但为后来者的研究提供了经验和指明了方向。如陈新仁（2008）就已经提到，语用修辞包括形式修辞、人际修辞与认知修辞。上图对其进行了修改和细化，放弃了形式修辞，因为这是传统修辞学的关注点，代之以施为语用修辞，这是传统修辞学较少关注的。

　　还有尤为重要的一步，就是尝试把语用修辞学分析框架中的三个方面整合起来。它们可以单独提供解释或成为被观察的对象，也能够合为一个整体，以作为语用修辞学分析框架的立身之本。当然，结合是有前提和分层次的。结合的前提是对某具体的话语对象进行阐释的时候，语言行为理论、（不）礼貌/面子理论以及关联理论能够相互助力，而不是在孤立的理论层面空谈三个理论的可整合性。层次性是指针对某一对象，三个理论工具可合力解释，三种效果可能同时存在。对于某一具体的互动话语，言语行为理论能够得出其具体的外显、便于观察的言语行为分类，而关联理论能够揭示内隐在话语参与者的认知中的话语处理机制，（不）礼貌/面子理论提供的原则和方法则在一定程度上是达成某种言语行为目标的策略。在修辞效果方面，某些话语可能兼具行事效果、人际效果和诗意效果。比如在 Kasper（1990）看来，交际的目标主要是事务性目标和人际性目标，且这两种目标经常同时存在，实现事务性目标经常依赖于人际目标的实现（引自陈新仁，2018b：109）。但并不是说，上述三方面在任何情境下都同等重要，往往是在不同的语境下各个方面的凸显程度不太一样。

第四节　本研究的分析框架

基于上述铺垫，我们拟提出本研究的操作框架，如下图。

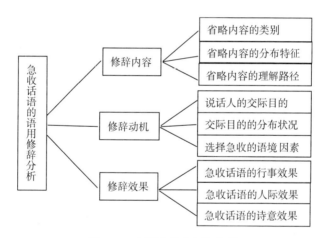

图 3-5　本研究的分析框架图

上文我们提到，语用修辞学是继承了修辞学追求（最佳）修辞效果的目标，依赖语用学主要理论为解释工具的跨界面学科，但具体的话语研究中，我们不可能直接分析修辞效果。图 3-4 所示的语用修辞学的分析框架也是"研究对象—主要理论—修辞效果"的三层级分析图，层层推进。在我们看来，对某修辞现象进行修辞效果的研究首先就是要观察该现象的修辞内容，即语义表现、分布特征等；其次就是要结合修辞主体的修辞动机进行分析，如果离开修辞动机，就失去了"修辞"的属性了，也不可能有效分析修辞效果；当上述基础工作完成以后，才能够对该话语的语用修辞效果进行讨论。最后，为何对急收话语省略内容、说话人的动机以及急收话语的效果的探讨就是对"修辞"问题的论述？答案是，无论说话人是否意识到自己在追求言语行为的效果，"只要是在'使用语言实现自己的意图'，其实也是在'修辞'"（胡范铸，2016）。如此看来，我们对急收话语的上述方面的讨论与本书采用的语用修辞视角是相符的。

第五节　小结

本章首先对语用修辞学进行了概述。由于语用修辞学尚处于初创阶段，研究主张以及路径都不算成熟，因此我们只能对现有研究体现出的主要方面进行了介绍。还梳理了语用学与修辞学的关系，目的是证明语用学理论的确在修辞研究中大有用武之地。其次，我们对现有文献中提到的主要语用学理论进行了归纳和介绍，主要是言语行为理论、关联理论以及（不）礼貌/面子理论，然后基于这些理论提出了语用修辞学的分析框架。这三方面的理论是目前语用学能够提供的最有解释力的几大理论，且能够对应解释修辞话语的行事效果、诗意效果以及人际效果。当然，这只是它们能够解释的效果的一部分，并不局限于这些方面。我们还说明了这三方面不是偶然想到，而是有恰当的理据，无论从语言的功能、以往文献的论述还是本研究的语用修辞学目标，都指明了上述方面的合理性。

本章的目的在于为本研究打下理论基础，下一章将呈现本研究的研究设计。首先基于本章的分析框架，进一步细化研究问题；其次介绍本研究的研究方法；接着，对语料分析步骤进行详细描述，力求保证本研究能够得出有理有据的研究发现。

第四章 研究设计

基于上一章的分析框架，本章首先提出研究问题，接着说明如何进行语料收集，再进行语料描述以及语料识别，然后就后文各章系统地回答研究问题的一些语料分析环节作方法（论）说明，最后进行本章小结。

第一节 研究问题

基于上一章的语用修辞学的研究框架和本研究的分析框架，我们拟从三个维度：急收话语现象的表现、使用者的动机以及取得的语用修辞效果提出研究问题，通过对这些方面的探讨，较之前文献，本研究能够更为系统地对急收话语现象进行描写和解释。具体研究问题如下：

1. 急收话语急收了什么样的内容？

（1）急收话语省略的内容涉及哪些类别？

（2）不同类型的急收省略内容的分布情况如何？

（3）急收话语省略内容在听话人那里的理解情况如何？

2. 说话人为什么要急收相关内容？

（1）说话人通过急收话语可以达到哪些交际目的？

（2）说话人通过急收话语达到的目的有何分布特征？

（3）说话人选择急收话语是受到何种语境因素的影响？

3. 急收相关内容会带来何种语用修辞效果？

（1）急收话语的行事效果如何？

（2）急收话语的人际效果如何？

（3）急收话语的诗意效果如何？

　　三个研究问题是递进关系，只有理解了急收话语到底收了什么才能进一步分析说话人为何要急收，或者说话人期待急收话语能够实施何种功能，在此基础上才能对急收话语的语用修辞效果进行考察。

第二节　语料收集

　　一般说来，对于话语交际分析，最理想的数据是自然发生的数据（Wolfson，1981：9；Kasper，2006：318；Bella，2011：1723），但自然数据的收集也有局限性，对于某种特定的话语现象或言语行为，"如果要得到足够多的自然样本可能需要非常巨大的自然数据"（Kasper，2000：320），这不仅要耗费大量的精力和时间，且结果无法保证能够获得足够的有效数据。本研究的对象——急收话语，在语料收集上也面临同样的问题。虽然在日常生活中常有发生，但可遇不可求，因此本研究拟采用文本数据，因为文学语言的研究意义也逐渐被认可：

　　　　近年来，文学语言逐渐被当作语用学研究的合法对象。与其他任何形式的语言一样，文学语言也带有与受众交流的意图，因而也可以为语用学所分析。另外，文学语言常常用于描述参与交际行为的人物，而这种交际行为也可以进行语用学分析，只要所得结论的有效性不扩展到研究数据之外的范围即可。

　　　　[I]n recent years, fictional language has increasingly come to be seen as a legitimate object of pragmatic study. Fictional language — just as any other form of language — is produced with the intention to communicate with an audience and as such is susceptible to pragmatic analyses. Moreover, fictional language generally depicts characters that engage in communicative behaviour, and this embedded communicative behaviour, too, can be subjected to pragmatic analyses as long as there are no claims that the findings have validity beyond the data itself. (Jucker, 2015: 63)

还因为在某种意义上说文学是对现实的反映，因此也是语用学的研究对象：

　　文学是对现实的表征，其组织信息的规则以及阐释的过程是语用学研究文学文本的自然选择。

　　Literary representations of reality, the rules governing their formation as well as the procedures used in their interpretation, are, then, an obvious choice for a pragmatic study of literature (Ben-Porat, 1991: 142).

在众多的文本类型中，我们拟选择话剧作为本研究的语料来源，原因如下：（一）话剧主要依靠对话来建构人物关系、事件等，因而以对话为主，较少的旁白为辅（傅正乾，1986）。如戏剧家洪深所说："戏剧不能直截简单的，如小说一般，说明分析人的心理，必须令剧中人自己的语言行动，去说明他自己(同上)。"急收作为一种话语现象，在话剧中有较多发生的可能①。（二）本研究所选话剧剧目多为中国近现代白话文话剧，与日常口语较为接近。中国话剧较多地受到"易卜生主义"（Ibsenism）的影响（陈留生，2011）。"易卜生主义"在一定程度上与"自然主义"（naturalism）或"现实主义"（realism）是同义词（Sanger，2001: 19），提倡"精确再现"（exact replication）日常生活的场景（同上）。傅斯年认为"戏剧里的事迹，总要是我们每日的生活"（引自陈留生，2011）。当然，有必要说明的是，话剧无论如何贴近现实，也是文学作品，而不是对自然对话的实录，与自然会话有差异，但到底有何差异不是本研究要关注的重点，本研究基于话剧语言的研究结果并无意于表明日常话语中急收的使用情况，虽然也不无启示。换一个角度看，正是由于话剧语言的口语化，被认为是"劣质的（debased）、不稳定的语言形式"而在文学批评以及修辞学家那里受到冷遇（Culpeper *et al.*，1998: 3）。"对于合理地解释话剧语言的动态性，我们需要语言学的帮助——尤其是语用学和话语分析"（同上）。从这个角度看，我们选择话剧为语料，于

---

　　①　在日常会话中，也许急收话语的频率没有这么高。但这不是本研究关注的重点。且本研究申明基于话剧语料的研究结果无意于扩展到日常会话中去。

话剧语言的风格、特点等研究也有意义。

基于话题的多样性及语料的规模考虑，我们选择了 16 部中国近现代经典现实主义话剧为语料。选择经典话剧的原因一方面是因为经典话剧多出自著名剧作者之手，而本研究的对象急收话语作为一种话语策略，若出自著名作家之手，可能更具价值；另一方面，经典话剧拥有的读者更多，这对于我们的语料分析过程更为有利（读者对话剧情节比较了解）。对于何谓"经典"难有具体标准，因此，我们选择了由中国话剧艺术研究会主办的网站"中国话剧网"上"经典话剧"的"精品剧目"① 栏目所列举的 21 部话剧。然后排除了荒诞剧《玩笑开大了》② 和先锋派剧作《恋爱的犀牛》③。因为"先锋是一种与大多数认可的规律不一样的思想与技巧"（梁艳，2016），而"荒诞就是没有目的"（阿尔比，1981），无论台词还是表现形式都偏离常规，因此不在我们的考虑之列。历史剧《屈原》和《蔡文姬》具有浪漫主义色彩，且作者的创作意图被解读为显示自己的左翼意识形态取向，并因此随意修改史实（黄科安，2009），由于我们对语料来源的要求是反映现当代现实生活的现实主义作品，因此排除了《屈原》和《蔡文姬》。剩下 17 部现实主义话剧，分别是《雷雨》《倾城之恋》《上海屋檐下》《于无声处》《骆驼祥子》《咸亨酒店》《暗恋桃花源》《天下第一楼》《立秋》《茶馆》《阮玲玉》《梅兰芳》《压迫》《北京大爷》《信仰》《绝对信号》和《红叶》，由于《红叶》的剧本没有找到，最终获得剧本 16 部。

第三节　语料描述

上文确定了语料来源，现简要介绍所选话剧剧本的主题，为后文的讨论提供宏观背景和语境。我们选择的 16 部话剧列表如下：

---

① 见 http：//www.cnhuaju.cn/。（访问时间：2017 年 1 月 18 日）

② 见 http：//www.cnhuaju.cn/index.php？ m = content&c = index&a = show&catid = 28&id = 56 的说明。（访问时间：2017 年 3 月 20 日）

③ 见梁艳（2016）。

表 4-1　　　　　　　　　　　**语料来源情况简表**

分类 \ 项目	剧　目	作　者	字数（万）	急收数量（处）
控诉社会	雷　雨	曹　禺	7.9	34
	上海屋檐下	夏　衍	3.3	26
	骆驼祥子	老　舍	3.5	17
	咸亨酒店	鲁　迅	6.1	15
	茶　馆	老　舍	3.1	10
	天下第一楼	何冀平	3.8	12
	阮玲玉	刘锦云	2.1	7
弘扬正义	于无声处	宗福先	2.5	21
	梅兰芳	丁罗男、吴小钧	3.7	5
	信　仰	张望喜	2.6	3
	绝对信号	高行健	2.6	2
描写爱情	倾城之恋	张爱玲	3.1	27
	暗恋桃花源	赖声川	1.9	14
革新传统	立　秋	申维辰	2.5	12
	北京大爷	中英杰	2.9	3
生活趣闻	压　迫	丁西林	0.8	4
总　量	16		52.4	212

　　表中话剧均为创作于近现代且反映现实生活的写实话剧。各剧本字数均为约略数，如《雷雨》剧本显示字数为 79040 字，略记为 7.9 万字，由此计算出 16 部话剧字数总和约为 52 万字。改编自其他类型的作品的剧本，如果依旧保持了原作品的主题、情节等，作者仍记为原作者。如《咸亨酒店》是梅阡先生整理了鲁迅先生的多部小说①所得，"梅阡同志正确地理解和归纳了鲁迅前期小说中反封建的'中心主题'，用以提挈全剧，忠实地反映了鲁迅前期小说的基本内容和主要思想倾向"（福荣、育生，1981），因此仍记鲁迅先生为作者。由于篇幅限制，在此无法一一详解各剧本的具体情况，如主题、情节等，只能分类概述。

----

　　①　具体是以《长明灯》《狂人日记》与《药》为主，旁及《明天》《孔乙己》《祝福》《阿 Q 正传》（福荣、育生，1981）。

　　前文提到，本研究在选择语料来源时坚持两个标准：一是要反映现当代生活的话剧，二是创作手法是现实主义。因而本研究所选话剧都带有现实主义色彩。我们按照主题归类的方式把现有剧本分为五大类，分别是"控诉社会""弘扬正义""描写爱情""革新传统"和"生活趣闻"。胡适认为，"写实主义"或"易卜生主义"就是"能把社会种种腐败龌龊的实在情形写出来叫大家仔细看"（引自陈留生，2011），因而颇受易卜生主义影响的中国近现代早期话剧的取向之一就是控诉社会现实的阴暗面，常常以小人物的命运为着眼点来反映和控诉社会现实，在《雷雨》《上海屋檐下》《骆驼祥子》《咸亨酒店》《天下第一楼》《茶馆》等话剧中体现得尤其清晰。

　　《雷雨》"是一部杰出的现实主义剧作"，其主题是"通过描写周朴园在家庭和社会上的罪恶，从而充分暴露了封建资本家的反动腐朽本质，及其必然衰亡的命运"（刘炎生，1998）；在《上海屋檐下》中，"作者按照他所熟悉，所看到过的样子来描写，因而展示出生活的自然状态"（朱卫兵，2004），"描写了一群生活在社会底层的小人物，描写了普通的小市民日复一日地讨价还价、夫妻拌嘴、打情骂俏、怨怼牢骚，平凡、庸俗、琐屑而无意义"（同上），正是这些"无意义"的现实折射了当时社会的生机和活力的缺失；《骆驼祥子》主要围绕祥子和虎妞的命运展开，"虎妞是真正来自于民间社会的、有生命力的大活人，是你在任何一条大街上、任何一辆公共汽车上都看得见的女人"（陈思和，2004），虎妞敢爱敢恨，敢于自我决断、自我追求，但无论怎么努力，都摆脱不了命运的枷锁，"对祥子来讲也是这样，他的堕落的过程也正是他与命运抗争而不断失败的过程"（同上），他们的悲剧是个人的悲剧，更是社会造成的悲剧；《咸亨酒店》是梅阡改编鲁迅先生的作品而成。鲁迅的作品是时代的一面镜子，孔乙己、阿Q、祥林嫂等，无不是现实世界人物境遇的再现；《茶馆》的观众往往"被王利发、常四爷、秦二爷以其血泪的一生对那个不公平社会的控诉感染了"（夏波，2000），"默默地走出剧场。一种难以排解的压抑感堵在胸口，使人根本不想说什么"（同上）；话剧《阮玲玉》中的阿阮尽管与真实的阮玲玉已不尽相同，但话剧仍然"具有对现实世界的批判和思考的意义，这最接近现实中真实的阮玲玉和她的遭遇"（许波，2014）。阮玲玉的死一方面源于自己轻生，另一方面是当时新闻媒体的驱使，"把阮玲玉的死的责任，仅仅归结于这少数几个记者的过失，远不足以清算当时新闻界的恶浊习气，这牵涉到当时社会的新闻观念"（陈镐汶，1988）。

　　如果上述话剧主要揭露了社会的阴暗现实，那么《于无声处》《梅兰芳》《信仰》《绝对信号》则是对正义的歌颂。《于无声处》诞生于"文化大革命"末期，表达了人民纪念周总理、反对"四人帮"的呼声，"通过舞台艺术形象，第一个热烈歌颂了天安门事件，可以同正在进行的思想解放运动，同首都和全国人民要求为天安门事件平反的心愿相呼应"（《胡乔木传》编写组，2015）。剧中的梅林和欧阳平无论面对何种威胁、压迫，始终保持对党的忠诚，与投机分子何是非形成鲜明对比。话剧《梅兰芳》着重表现了三个方面：梅兰芳作为京剧大师的精湛艺术、作为一个中国人的爱国主义精神和作为一个个体的高尚人品（施逸丰，1995）。《信仰》是根据空军武汉指挥所上马庄干休所副军职离休老干部、"老战士报告团"原团长张绪同志的真实事迹改编而成。全剧以张绪同志忠实践行党的宗旨为主线，展现了张绪老红军立党为公、忠诚无私、乐于奉献的崇高境界①。《绝对信号》表现了主人公待业青年黑子与恋人蜜蜂、朋友小号以及车匪在一列火车上发生的故事。黑子与蜜蜂的恋情因为自己没有工作而不被看好，因此他希望尽快得到一笔钱从而有底气与蜜蜂结婚，这一心理被劫车的车匪利用，然后故事又如何反转，从而在列车上上演了一出情节简单但心理过程非常复杂的精彩话剧。"作者和演出者们分明是要通过表现当代青年的内心世界和他们在人生道路上的追求"（于勤，1983）。上述各剧都从个人品德和行为小中见大，表达了对个人情操的高尚和正义的歌颂。

　　《倾城之恋》②和《暗恋桃花源》是以悲喜交加的爱情故事为题材的话剧。《倾城之恋》的主题是关于白流苏与范柳原的错综复杂的爱情故事，作者通过该故事讲述自己对爱情的深刻思考，"小说并不是我们所期

---

　　① 见 http://www.cnhuaju.cn/index.php? m = content&c = index&a = show&catid = 28&id = 53。（访问时间：2017 年 3 月 25 日）

　　② 其话剧版有多个版本，本研究所得版本的编者署名为栗文书。不同版本对原著有不同程度的改写，在具体过程甚至结局贯穿了不同作者的思考，但情节与主题与原著大体相当，仍记张爱玲为作者。

待一个通俗的言情故事，而是一幕透视人性悲凉的严肃剧"（陈黎明，2011）。《暗恋桃花源》是《暗恋》和《桃花源》一悲一喜、一今一古两部剧的交错勾连，以两个爱情故事"传达了大陆移民对故土及历史文化的复杂感情"，《暗恋》寓指当时大陆与台湾的阻隔，《桃花源》渗透着向往、无奈和忘却。两部话剧都以爱情故事为主线，但也远远超越了爱情本身。

《北京大爷》和《立秋》两部话剧都反映了当代商业扩张与传统保护的矛盾。《北京大爷》主要描述了私人房主德仁贵不为巨大利益所动、屡次拒绝商人租用祖上传下来的宅子的事情，把"不实际的'北京大爷'在讲实际的商品大潮中的尴尬，表现得相当出色"（童道明，1995）。《立秋》展示了晋商马洪翰拒绝革新，次次错失良机，导致票号日益式微的故事，"在对末代晋商马洪翰自强不息、诚信敬业的精神品格充分肯定的同时，也对他刚愎自用、抱残守缺的局限性进行了冷静而客观的反思"（徐顺逯，2005）。无论是德仁贵还是马洪翰，都很难用对或错来评判，他们是现代商业扩张与持守传统理念的矛盾缩影。

《压迫》描绘的是单身租客在租房过程中遇到的种种困难，虽然带有喜剧成分，但确实是日常生活中所面临的情况。

根据后文（4.4）所述办法，我们一一识别了每部话剧的急收语料，并与另一位语言学博士生就急收的识别进行了商议，共获得急收 212 例，连同剧目名称、分类、作者、字数以及急收在话剧中的分布都呈现在表 4-1 中。

第四节 语料识别

选定范围后，拟根据急收的工作定义（见 2.1）即"在交际中，说话人出于特定目的故意中断正在说的话，形成话语断裂的现象，在口语中有明显的停顿，在书面语中常用省略号或破折号来标示停顿的话语现象。"来识别急收话语案例。话剧剧本都以文字形式呈现，因此，我们首先在电子版话剧中输入"……"或"——"，选出所有带有省略号和破折号的句子。然后根据急收的区别性特征，即断裂处位于句子中，而不是句尾，这里的"句中"是指"说到半路断了"（陈望道，2008

［1932］：177）的"半路"，判断方法可以用句号替代省略号，如果话语意义不完整就是在句中，如果完整就是在句尾（见第一章第一节）；停顿是由说话人主动停止，而非被打断或找不到词等原因所致来选取语料。语料提取的难点就是如何把急收与打断（interruption）区别开来。虽然在第一章的"术语界定"一节，我们从概念上对打断和急收进行了区分，但那里没有面临语料提取的任务，所以，在此有必要结合语料简要说明。我们可以基于话语中的语篇证据（contextual evidences），根据说话人在具体话语交际中的身份、动机等方面判断其是否有打断对方的强烈需求，从而认定是否为打断。此外，话剧的一大优点是，剧作者的附注为读者的理解提供了方便。"话剧是一个非常详细的表演菜单"（a play is a detailed 'recipe for pretence'）（Short，1998：7），剧作者通过附注的方式"提示演员如何表演"（the author of a play gives 'directions as to how to enact a pretence which the actors then follow'）（Searle，1975：328）。如下例画线部分：

　　（1）（语境：白三爷找范柳原谈军火贸易的事，但范不想让白流苏知道他走私军火。）

　　1 白三爷：（声音先从场外传出）流苏，流苏……（举着一张纸，奔到门口，看到范柳原在，眉角舒开）范先生也在，太好了。

　　2 范柳原：什么事？

　　3 白三爷：上海那批军……

　　4 范柳原：（连忙打断）噢，先喝杯茶，慢慢说。

　　5 徐太太：（识趣地拉起流苏）范先生，你和三爷慢慢谈，我带流苏去办你的事情。

　　6 范柳原：嗯。有劳。

（《倾城之恋》第二幕）

　　（2）（语境：好友林志成非常自责地向匡复讲述了林与匡的恋人杨彩玉结婚的事实。）

　　1 匡　复：（好容易恢复了他的平静）那么彩玉呢？

　　2 林志成：也许，她也跟我一样，运命遮住了我们的眼睛，愈挣扎，愈危险，终于——

3 匡　复：<u>慢</u>，那么现在……

4 林志成：<u>（不等他说完）</u>现在？一切不都已经很明白吗？我犯了罪，就等着你的审判。不，在你来审判我之前，良心早已在拷问着我了，当我些微地感觉到一点幸福，感觉到一点家庭的温暖，这时候一种看不见的刑具就紧紧地压住了我的心。现在好啦，你来啦，我供认，我不抵赖，……我在你面前服罪，我等着你的裁判！（一口气地讲完，好像安心似的透了口气，颓然）

（《上海屋檐下》第一幕）

例（1）中的"连忙打断"，例（2）中的"慢""不等他说完"，都是打断的明显标记，能够帮助我们辨别。因此，结合说话人、听话动机以及剧作者的标注，就可以把急收与打断区别开来。我们还可参考演出视频来辨别急收与打断。虽然话剧是先有剧本后才搬上舞台，但通过观看演员的演出可了解他们是如何理解类似现象的。如果是语言打断，最明显的特征就是说话人和打断者有语音上的重叠，而急收是说话人主动停止，之后听话人才接话，中间有一定的时间差。

还有必要排除既不是打断，也非无话可接，而是陷入其他思考导致话语中断的情况，例如：

（3）（语境：女儿金蝉想学跳舞，征求父亲白四爷的意见。）

1 金　蝉：（非常意外地）你同意了？

2 白四爷：（别过头来看看金蝉，又缓缓地转过头去，怔怔地出神）

3 金　蝉：（试探地拉着四爷的衣服）爸，你教我啊？

4 白四爷：（有些意外地）我教你？

5 金　蝉：嗯！妈说，你年轻的时候也是个新派人，舞跳得很好啊！

6 白四爷：（脸上微露笑意）<u>年轻的时候</u>……（陷入遐想之中）

（《倾城之恋》第一幕）

上例是说话人"陷入遐想之中",并不是有意为了传递某种意图而停止,因而不能算作急收。基于上述考虑,由此选定我们认为符合标准的急收话语(急收所在句用"→"标示),例如:

(4)(语境:话剧结尾,妻子虎妞病死,祥子的钱也被抢光,一无所有,打算离家闯荡。被父亲逼着卖身的小福子对祥子很有好感,得知祥子要离开,与他送别。)

1 小福子:你到哪里去?

2 祥　子:我去找小顺子。

→3 小福子:那我……(欲言又止)

4 祥　子:有一天我要是混好了……我准来看你。

(《骆驼祥子》第五幕)

(5)(语境:失散十年的恋人杨彩玉与匡复在杨彩玉与匡复的好友林志成结了婚的家里相见。匡首次见到自己的女儿)

→1 杨彩玉:葆珍,过来,这是……(碍口)

2 匡　复:(抢着)是葆珍吗?(以充满了情爱的眼光望着)

3 葆　珍:(吃惊)认识我?先生尊姓?

→4 杨彩玉:葆珍……(语阻)

5 匡　复:(笑着)我姓匡……

(《上海屋檐下》第二幕)

例(4)中,小福子是想问"那我怎么办"?但又明白,自己与祥子除了是邻居外别无关联,问这样的问题实在难以启齿,因此选择了急收。但祥子显然听明白了小福子的情意,承诺以后回来找她。例(5)中,彩玉本想告诉葆珍"这是你爸爸",但自己现在却是别人的妻子,如何说得下去?也选择了急收。话轮4,彩玉是想责备葆珍的无礼,但由于同样的原因而无法明说,孩子是不知情的,不应该受责备,因此又一次急收了。从上述例子可以看出,急收是说话人主动选择的停止,而非被打断,就与非急收例子区分开来了。

第五节　语料分析

针对本研究的研究问题，即探讨急收话语的表现（问题一）、急收话语说话人的动机（问题二）和急收话语引起的语用修辞效果（问题三），本节主要就如何分析语料以满足回答上述问题的需要做简要说明。

一　急收话语省略内容的类别、分布及恢复过程说明

本研究拟采用的研究方法主要是内省法（introspective approach）和话语（discursive）或互动（interactional）分析法，或称"话语—互动路径"（discursive-interactional approach）（Kádár & Haugh，2013：257）（本研究称话语—互动分析法），这是由急收的特点以及本研究的目标（见上节）决定的。话语—互动分析法是基于话轮进行分析，较为客观，于本研究也很合适。这里有必要对内省法的适用性进行简要说明。内省法是定性分析法的一种，是语用学研究的常用方法（何自然，1999；景晓平、陈新仁，2007）。其理据在于，"说话人同时又可以是听话人，说话人能够用自己的理解系统来监控与听话人的对话"（Cutting，2009：118）。此外，说话人知道自己与听话人可能有共同的信念集，或共同的背景，因此产出话语时会考虑听话人的视角（同上：119）。也就是说，说话人与听话人具有某种同质性，这是话语能够得以理解的前提。即便作为分析者，我们也能通过内省推理话语意义，因为"分析者也常常是话语互动中的参与者"（Haugh，2007：303）。在分析过程中，我们会用到内省法来推理急收话语的意义。

也就是说，对于语料的处理，我们基于自身的母语直觉，当然更要依赖话语互动中足够的语篇证据进行判断。本节所指的恢复过程主要是急收话语省略内容的语义倾向以及得出语义内容的路径。

首先，我们拟考察急收省略的语义内容。我们既关注每一个急收省略话语的具体内容但又不纠结到底用什么样的具体词汇来恢复每个急收话语的省略部分，而是根据语义，基于一定的维度，如积极/消极，再分出次类，如"驱使话语""威胁话语""隐私话语"等来对每一例急收进行标注。为方便统计频率，我们使用了不同的代码来标注，具体示例如下：

（6）（语境：军队退休干部唐旭病愈出院，几天没见到儿子小五，向妻子林芝了解情况。）

1 唐旭：你呀！——哎我说，我出院好几天了，小五怎么总不露面？

2 林芝：——他的事你就别管了。

3 唐旭：我是他爸爸，我不管谁管？——你——你是不是有事瞒着我？

4 林芝：——没有。啥事都没有，他挺好的——

5 唐旭：不对，肯定有事——是不是他新找的工作又不干了？——你说呀！

→6 林芝：唉！真是没办法，他那倔脾气又犯了！这个单位的领导知道他是老红军的儿子，说他给老红军丢脸，他急了，跟人家动了手，让派出所给——【负面消息 FUMIANXIAOXI】　　　【框架 KUANGJIA】

7 唐旭：什么？动手打领导？还进了派出所？——丢人哪！打电话让他回来见我！

（《信仰》第六场①）

针对话轮 6 的急收话语，我们基于对老领导唐旭的作风、脾气、身体状况等的了解，结合林芝话轮 2 以及话轮 4 的闪烁其词，再加上儿子"跟人家动了手"（话轮 6）等语篇证据，不难判断，急收省略的内容是"让派出所给抓起来了"，当然具体措辞不必完全如此。根据这一语义内容，结合话语各方的关系，我们认为这对于听话人唐旭来说是"负面消息"，标注为 FUMIANXIAOXI。为了便于定位、以便反复核对和反思，我们将文字和代码都记录在急收话语后面。同时，为了与其他文字相区分，我们使用了括号【】②，使得目标部分更加醒目。

其次，对于急收语义的获得路径的标注也采用上述办法。通过观察语料，初步总结出了一些模式，如"认知框架""程式表达""百科知识"

---

①　有些话剧使用"幕"，有些用"场"或"章"，本书沿用原作的做法，不做更改。

②　从更专业的角度看，语料标注一般使用尖括号〈〉，这样，括号里的内容将不会被计入文本的总字数中。由于本研究对语料的总字数不敏感，因此采用了这种更醒目的方式来标注。

"情境语境"等，然后再进行标注。比如本例中的急收恢复就可能跟我们的认知框架有关。认知框架就是提到某种事件的某一部分，其他相关内容就被激活。比如提到派出所，我们就可能激活"警察""坏人""拘留"等相关框架知识。如此，我们就在急收话语后标注【框架 KUANGJIA】。其他标注任务都按此法进行，不再赘述。

上面为了方便起见，把省略内容的分类与理解路径放到一起进行了说明。最后，对于省略内容的分布情况，我们打算基于总结出的内容分类表（见表 5-1）的数值分层次进行分析。比如根据"消极""积极""中性"，用表格显示急收话语内容表消极、中性和积极的情况。然后再根据下面的子类进行类似呈现。考虑到简表可能无法反映分布是否有显著差异，还打算使用 SPSS 17.0 进行卡方分布检验。

二　急收话语的言语行为功能识别、分布及语境因素说明

在第六章回答急收话语使用者的动机时，我们发现说话人是为了隐含传递敏感信息和降格实施言语行为。这里首先需要说明本研究是如何识别急收话语实施的言语行为的。

上文提到本书会用到内省法，但其缺点是比较主观，弥补的办法之一是基于更多的证据来进行推断，即采用话语或互动分析法。Brown & Levinson（1987），Grice（1989）及 Sperber & Wilson（1995）等都是基于说话人和听话人共同参与的对话来进行意义的推理，对话能够提供更客观的讨论基础和证据，比单纯的内省法更客观。然而，随着研究的发展，他们的做法也受到质疑，以 Arundale 对关联理论的批评为例：

Sperber & Wilson 对语言使用的独白（或单轮话语）式的阐释以及基于孤立的言语行为的论述使得关联理论无法为互动的会话组织提供解释，对于考察会话的互动组织的语言与社会互动的研究者来说几乎没有什么作用。

[G] iven Sperber andWilson's move to provide a monologic account of language use and their argumentation based on isolated unit acts, relevance theory cannot account for the interactional organization of conversation, making it of relatively little use to researchers in LSI who examine the interactional organization of talk. (Arundale, 2005：53)

Kasper（2006：285）把 Searle（1979），Brown & Levinson（1987）等都归为"理性主义"（rationalist）阵营，他们对交际的解释都属于"电视心理模型"（telementation model）（同上：295）。该模型认为语言交际本质上是像是把思想像传真一样从 A 传递到 B，交际主体就像会握手的传真机一样（Toolan，1997：80）。而在话语语用学看来，意义是言语交际双方在相互的话轮组织中展示给对方的一种理解（Kasper，2006：296），并且：

　　　　只有当一元的、以基于意图的意义观所固有的独白偏见被废除并代之以参与者之间临时的、浮现的、共同努力获得的语用分析意义观时，才是话语语用学的道路。

　　　　Once the monologic bias inherent in monadic, intention-based views of meaning has been retired and replaced by the analysis of pragmatic meaning as participants' contingent, emergent, joint accomplishment, discursive pragmatics will be well on its way. (Kasper，2006：307)

简单地说，就是要基于更多的话轮和话语序列（sequence）才能更好地理解某句话或者某个言语行为的意义。这正是话语或互动途径所强调的"就言语互动的所有形式本身进行考察"（look at all forms of verbal interaction in their own right）（Locher & Watts，2005：29）。Locher & Watts（2005：15）以"Oi! Pen!"为例说明，在母语人士的直觉中，该例在缺乏具体语境的情形下是粗鲁的、不礼貌的，但如果是发生在社会关系很近的老朋友的话语交际中，就很合适，无所谓不礼貌。因此，他们多次强调，孤立的词汇或表达本身并不带有固定的（inherent）话语特征（同上：29），只有在具体的话语交际中才能显示或建构话语的特征。因此，本研究也采用比关联理论所用的方法更客观的语料分析方法，侧重"话语的、语料驱动的、自下而上的"（同上：16）分析法。

　　因此，在言语行为的识别上，本研究沿用 Searle（1979）对言语行为的分类及其对间接言语行为的论述，但在言语行为的识别上使用更为客观的基于话语序列（sequence）的方法，因为"言外行为模糊"

（illocutionary ambiguity）（Kasper，2006：291）需要在具体的话语序列中才能得到明确，如下例：

(7)（语境：John 把啤酒洒了。）

1 John：I wonder if there is a towel behind the bar.

2 Nicole：(goes over to the bar and grabs a towel) Here you go.

3 John：Oh thanks! I wasn't actually asking you to get a towel for me. I was just thinking aloud about whether there might be a towel that I could get from the bartender. But thanks.

（引自 Kasper，2006：293）

如果基于单轮话语分析模式，话轮 1 是通过间接言语行为表达的请求行为，话轮 2 Nicole 的反应也证明 John 就是希望他给他一条毛巾，但话轮 3 John 强调只是自言自语，并无请求 Nicole 给他拿毛巾的意思。由此可见，说话人意义有时和听话人的理解并不一致，这就需要更多话轮的证据才能识别说话人真正表达的言语行为。也就是说，交际中的言语行为意义并不是完全独立、清晰的，而是要放到具体的话轮里才更清晰地显示出来。这在本研究的语料中也有类似情况，如下例：

(8)（语境：好久没有出现过的唐铁嘴在王利发的茶馆重新开张这天前来道贺。）

1 唐铁嘴：听说后面改了公寓，租给我一间屋子，好不好？

→2 王利发：唐先生，你那点嗜好，在我这儿恐怕……

3 唐铁嘴：我已经不吃大烟了！

4 王利发：真的？你可真要发财了！

5 唐铁嘴：我改抽"白面儿"啦。（指墙上的香烟广告）你看，哈德门烟是又长又松，（掏出烟来表演）一顿就空出一大块，正好放"白面儿"。大英帝国的烟，日本的"白面儿"，两个强国侍候着我一个人，这点福气还小吗？

6 王利发：福气不小！不小！可是，我这儿已经住满了人，什么时候有了空房，我准给你留着！

　　7 唐铁嘴：你呀，看不起我，怕我给不了房租！

　　8 王利发：没有的事！都是久在街面上混的人，谁能看不起谁呢？这是知心话吧？

（《茶馆》第二幕）

　　话轮 2，老板王利发想说的可能是"你那点嗜好，在我这儿恐怕不太方便"，是断言类言语行为。话轮 3，唐铁嘴既实施了断言行为，又是对上轮话语进行反对的表情类行为（一句话可实施多个言语行为，Labov & Fabsbel，1977）。不论对方是否真正理解，从语篇证据上看，话轮 6 的承诺"什么时候有了空房，我准给你留着"进一步明示了王利发对唐铁嘴租房提议的拒绝，使得话轮 2 的拒绝而非断言意图得到加强，唐铁嘴也才在话轮 7"明白"了对方的拒绝。

　　但本研究的目的不是简单地辨明急收话语到底行使了何种言语行为，而是要总结急收特有的言语行为模式，以反溯说话人在使用急收执行某种言语行为时的动机等。因此，我们拟在具体的言语行为前面加上修饰语，比如消极言语行为、积极言语行为等。例如：

　　(9)（语境：暮年的江滨柳在病中登报发寻人启事，想见几十年前的恋人云之凡一面。）

　　1 护　士：那，那你这四十多年，都一直在想她？

　　2 江滨柳：有些事情不是你说忘就能忘得掉的。

　　3 护　士：谁说的！像我，我的那个男朋友小陈，你见过的嘛！

　　4 江滨柳：他怎么了？

　　5 护　士：我们两个礼拜以前分手了。这两天我都努力在想啊，他长什么样子啊可怎么想都想不起来哎！那你好奇怪哎，既然这个样子为什么现在才要找她呢？

　　6 江滨柳：我一直以为她还在大陆上，我生病之后，大陆开放了，我又回不去了，就托一个老乡，回她老家去打听一下。

　　7 护　士：然后呢？

　　8 江滨柳：原来民国三十八年她就已经出来了！我都不知道，她可能一直都在这儿！

9 护　士：那江太太知不知道这件事儿呀！（江滨柳不说话）那，那你在报纸上登这么大一个寻人启事，要花多少钱啊？

10 江滨柳：你说，她看到报纸会不会来？

→11 护　士：都这么多年了，我觉得大概蛮……【消极断言 XIAOJIDUANYAN】不过，如果是我的话，我看到报纸一定会来的，因为这样才够意思嘛，对不对？

（《暗恋桃花源》第三幕）

根据上表，例中话轮 11，护士的急收话语是断言行为，意思是"我觉得大概蛮不可能了"。跟上文的编码一方法样，我们使用中括号加文字描述和代码的方式进行标注。另外，言语行为理论在进行言语行为分类时没有考虑过该行为的话语特点，显得抽象、孤立，我们认为还可以考虑进一步标注言语行为的具体特征，如【消极断言 XIAOJIDUANYAN】等来突出单个言语行为的特点。

上述动机的分布特征描述与第五章的类别分布描述所使用的方法基本一致，仍旧使用表格以及 SPSS 17.0 进行分布呈现，这里不再赘述。

对于说话人选择急收话语所处的语境因素，我们打算采用 Spencer-Oatey（2008：33–39）的语境分类指标来分析。她的分类主要是"参与者关系""信息内容""社会/互动角色""活动类型"四大类。这里举一类为例进行说明。比如，参与者关系（participants and their relations）主要指权势（power）、距离（distance）以及在场人数（number of participants）等。以权势为例，包括回报（reward）权势、支配（coercive）权势、专家（expert）权势、法律权势以及参照（referent）权势，如下例：

（10）（语境：何芸的心上人欧阳平及其母亲梅林到何家暂住，但令何芸痛心的是，欧阳竟是全国通缉的"反革命"。在父亲（革委会主任）何是非的反复追问下，何芸告诉了他。令她没想到的是，何是非竟然告了密，此时，屋外已经被包围。）

1 何　为：好家伙，这场大雨！哎，咱们家周围怎么净是些黑影子在晃来晃去啊？（进走廊）

2 何　芸：（出门向两面张望，然后回来）是你？

→3 何是非：（冷酷地）是我。我打了电话。唐有才想亲自来抓他，可是考虑到你的名誉，他决定送给你一个现成的立功机会。（看表）现在六点，命令你在七点之前亲手逮捕欧阳平！否则……【POWER】

4 何　芸：卑鄙！

［低沉缓慢的钟声打六点。］

（《于无声处》第三幕）

从话轮 3 的措辞"考虑到你的名誉""机会""命令"看，何是非构建了非常有权势的身份，加上自己是"革委会主任"，可算是上面提到的"法律权势"，在这种语境因素下，他还选择了急收话语"否则……"来加强威慑力，体现了自己的权势。据此，我们对语料中的急收进行了标注【POWER】。其余语境因素也按此方式进行标注，不再一一说明。

三　急收话语的语用修辞效果分析说明

前文我们提到，"修辞效果"这一概念十分笼统，如果停留在效果评价的原则、标准等理论层面尚可进行大而化之的讨论，一旦进入具体的效果评价环节，就必须基于具体的维度来进行，而这方面的研究似乎较少。胡习之（2010）根据接受者心理认识和行为规律的特点，认为"修辞效果可分为认知效果、情感效果和行为效果"。简单地说，其认知效果指接受者对表达者的意图及语言意义的识别；情感效果即话语表达在接受者那里引起的情感反应；行为效果是接受者根据话语所表现出的外在行动。这一分类给修辞效果的评价提供了可操作的维度。不过，也有不少问题。首先，该分类的概括力不够，比如该文强调的修辞话语的"美感度"如果根据上述分类就无法得到评价，其认知效果主要是指接受者弄清表达者的意图、意义等，在此过程中有对美感的直接感受，但谈不上是对美感度的衡量。其次，该分类中的情感效果和行为效果有重叠。其情感效果指"厌烦、不满、恐惧、愤怒、哀痛、怨恨、羞愧、悔恨、喜爱、愉悦、赞许、欣喜等等内心体验"（同上），这些似乎也是可观察到的行为，与行为效果有部分重叠。最后，上述分类似乎缺乏足够的理论基础说明，至少作者没有明确提出这些分类是如何得来的，只说是"根据接受者心理认识和行为规律的特点"，并无进一步阐释，这使得其操作性不太够。

对修辞效果的评价方法的研究尤为不足。如张宗正（2004）对于修辞效果的评价标准等有较大篇幅的论述，却对评价方法不着一字。有学者认识到"以往的修辞效果评价多从感性体验出发、多从定性出发，缺少数量统计，结论往往难以服人"（胡习之，2010）。其建议是，以针对社会群体的修辞为例，可以借鉴大众传播效果的调查研究的方法，"以大规模抽样调查了解某个或某些接受群体对特定修辞行为的反应"（同上）。加入定量研究法无疑是必要的，但并不表示定性研究就"难以服人"，尤其是针对个体体验的话语感受性内容来说，定性研究也是必要的，虽然"修辞效果具有客观存在性"，但"修辞评价则是一种主观认识"（张宗正，2004：388），但主观的认识可以用相对客观的手段来进行分析，以求得更为客观的定性分析结果。

修辞学是一门非常注重表达效果的学问，即便到了今天，在所谓更新的修辞观下的"包容性定义"中，修辞仍旧是"借助特定手段追求最佳交际效果的互动言语行为"（鹿晓燕、高万修，2017）。对于修辞效果的衡量涉及方法（论）问题。百年来中国修辞学研究历时演进有八种研究方法：（1）罗列材料和罗列材料加按语法；（2）模仿法或机械模仿法；（3）唯物辩证法；（4）"修辞以适应题旨情境为第一义"；（5）"古今中外法"；（6）多学科结合和交融及人文主义研究法；（7）从"以语言为本位"到"科学主义研究法"；（8）表达修辞学与接受修辞学互动互补的"言语交际全过程"研究法（宗廷虎，2003）。不同方法适用于不同的研究需要，但从本研究所谓的修辞效果的衡量而言，上述方法似乎离"（1）可操作性；（2）可复制性；（3）可推导性；（4）可计量性"（金立鑫，2009）的要求尚有差距。新近关于修辞学研究方法的文献提到，"随着新的修辞观的不断完善，其研究视角、研究方法也逐渐从单一走向多元"（鹿晓燕、高万修，2017），表明修辞学的发展从来都对新的理论和方法持拥抱态度。就话语效果的衡量而言，我们仍沿用本研究的主要研究方法，即话语—互动法，通过话轮的分析来展示修辞效果，而不仅仅是依赖分析者的主观判断。除了基于话轮分析外，我们还会用到宗廷虎（2003）所论的"从事物正反两面比较'修辞之益'和'不修辞之害'"

的对比法来凸显修辞话语的效果。

　　在第二章我们明确了急收话语的语用修辞效果的分析维度，接下来有必要明确分析方法。首先，行事效果、人际效果和诗意效果这三个方面不是截然分开的，正如雅各布森（2004）所言："尽管区分出了语言的六个方面，但事实上我们很难找到只实现某一种功能的语言信息。也就是说，语言具有多功能性。"具体到本研究对象急收话语而言，说话人在使用急收话语执行某种言语行为时，在一定程度上已经考虑到了话语各方的人际问题，也不排除这种话语选择有着浓厚的诗意效果。这就给我们的语料标注和分析带来了困难。不过，尽管"语言的各个功能可以同时存在于结构系统中并各具价值，具体体现何种功能则取决于信息的焦点聚集在哪个语言要素上"，且"交际过程中的各功能要素不会处于绝对平衡的状态。在不同的条件下，它们中总有某个要素占据支配性的主导地位，正是这一功能决定了系统的性质"（同上）。也就是说，在具体的语境条件下，总是某方面的功能最突显，而不是各种功能同等重要。因此，我们可以继续采取前面章节的一贯做法，即在语料标注时，看每例急收话语最凸显的一方面，在案例分析时我们也只讨论凸显的一方面。其次，我们对急收话语的修辞效果进行分析时仍旧沿用话语—互动法，即基于话轮，观察说话人意图和听话人反应，从不同方面来对效果进行评价。基于足够的语篇证据进行评价就在一定程度上避免基于某一句话得出的主观结论。仍以前文提到的例子为例：

　　（11）（语境：白家人本是在一起商量决定让白流苏回到离开好几年的婆家去给她丈夫奔丧，后来话题转到讨论把谁嫁给经人介绍给白家认识的离异富商范柳原。）

　　1 三　　爷：老四，给六妹婆家回个帖子，说这边马上就动身。

　　2 四　　爷：（不言不语地，自顾自地摩挲着胡琴）

　　3 三奶奶：四弟，等会儿你也劝劝流苏，让她想开点。

　　4 三　　爷：四弟妹，走啊！（转身欲下）

　　5 四　　爷：（抬起头来看看四奶奶，垂下头下抚琴）

→6 四奶奶：要我们家老四出力也不是不可以，除非……

　　7 三　　爷：除非？除非什么？

　　8 四奶奶：你们真的想把七丫头许给那个范先生？

9 三 爷：你的意思是？

10 四奶奶：那范先生的家世挺好吧？

11 三奶奶：听徐太太说，他父亲是个华侨，一次出洋考察遇上了一个交际花，俩人秘密结了婚，后来就生了这位范先生。

12 四奶奶：啊？他是庶出的？那他爸的钱他不是一分没捞到？

13 三 爷：那倒不是，范先生用了些手段，把继承权抢到了，他现在在南洋有不少产业的。

14 四奶奶：这么好的条件，我们七丫头可是庶出的，配得上人家吗？

15 三 爷：别人家的事，少操份心吧。

16 三奶奶：四弟妹的意思是？

→17 四奶奶：咳！我明说了吧，就我们七丫头那股傻劲儿，还指望拿得住他？倒是我那个大女孩儿机灵些，不如……

18 三 爷：你是说金蝉？她……

19 四奶奶：金蝉这孩子仿我，人小志不小，真识大体。

20 三奶奶：她比那位范先生小二十岁吧？

21 四奶奶：三嫂，你别那么糊涂！你护着七丫头，她是白家什么人？隔了一层娘肚皮，就差远了。嫁了过去，谁都别想在她身上得半点好处！我这都是为了大家好。

(《倾城之恋》第一幕)

如果只观察话轮 6、7，无论从表达主体还是接受主体看，话轮 6 的急收话语似乎都是失败的，因为四奶奶的话没有说完，其意图也不明朗，再看听话人的反应是没有听懂（"除非什么？"），更加说明说话人的话语是失败的。但如果我们一直读到话轮 21，把话轮 6 的急收话语放到更大的语境看，结果也许大不同。首先，从说话人角度看，其意图是分成不同步骤的。此前各方的焦点是讨论白流苏回婆家的问题，四奶奶想转移话题显得有些唐突，因此，她用欲言又止的方式进行"试水"（test the waters）（Haugh，2015：29），目的是看别人是否有兴趣听她建议。从这个角度看，话轮 7 的"除非？除非什么？"在四奶奶看来是让她继续说下去的邀请和鼓励，她的部分意图得以实现，成功将话题转移过来。其次，她如果开始就把话说得很清楚，比如说成"要我们家老四出力也不是不可以，除非把我们家大女儿金蝉嫁给范先生"，必然招致非议，因为关于富商范柳原，大家的意见是推荐七丫头，也就是他们同辈未婚的七妹嫁给范，而四奶奶的女儿不仅年龄小，还差了辈，无疑让其他人觉得四奶奶贪图钱财，不惜糟践自己的女儿。因此，在多轮话语的铺垫后，话轮17，四奶奶又使用了急收进行暗示。三爷的话"你是说金蝉？"使得四奶奶的暗示意图得到实现，且不论大家最终默认了她的建议，单从说话人的表意上看，也是成功的。举此例的目的是试图证明话语的修辞效果必须在更多的话轮里才能体现出来，不能简单、孤立地看听话人的反应，也不能基于评价者的主观判断，而是基于足够的语篇证据来进行推理。

　　基于上述讨论，我们再次明确本研究急收话语的语用修辞效果的评价维度是其行事效果、人际效果和诗意效果；相应地，评价标准是，急收话语在多大程度上有助于说话人达成行事效果的目标、在多大程度上有助于维护人际和谐以及在多大程度上在接受者那里引起弱暗含，使其获得美的感受；评价方法是基于多话轮的观察以及对比法。但在此不打算一一展示（具体见第六章），仅举一例就一个方面进行说明。

　　（12）（语境：父亲周朴园质问周萍做了一件对不起自己，对不起母亲、父亲的事情。）

　　1 周朴园：（仁慈地，拿着萍的手）你是我的长子，我不愿意当着人谈这件事。（停，喘一口气严厉地）我听说我在外边的时候，你这两年来在家里很不规矩。

　　2 周　萍：（更惊恐）爸，没有的事，没有，没有。

　　3 周朴园：一个人敢做一件事就要当一件事。

　　4 周　萍：（失色）爸！

　　5 周朴园：公司的人说你总是在跳舞窝里鬼混，尤其是这三个月，喝酒，赌钱，整夜地不回家。

　→6 周　萍：哦，（喘出一口气）您说的是——

　　7 周朴园：这些事是真的么？（半晌）说实话！

　　8 周　萍：真的，爸爸。（红了脸）

　　9 周朴园：将近三十的人应当懂得"自爱"！——你还记得你的

名为什么叫萍吗？

　　10 周　萍：记得。

　　11 周朴园：你自己说一遍。

　　12 周　萍：那是因为母亲叫侍萍，母亲临死，自己替我起的名字。

　　13 周朴园：那我请你为你的生母，你把现在的行为完全改过来。

　　14 周　萍：是，爸爸，那是我一时的荒唐。

（《雷雨》第一幕）

　　周萍把父亲的话轮 1、3 理解为对方逼迫自己承认与母亲繁漪有染的事，所以开始极力否认（话轮 2），又惊又怕，几近哀求（话轮 4）。当得知父亲是指他在外面鬼混，周萍"喘出一口气"，不由得说了一句"您说的是——"。这句话似乎有两种理解，一是对父亲的指责表示认可，等于"您说的是"，二是"您说的是（这个呀！）"，是急收话语。根据话轮 7，第二种可能性更大，不然周朴园不必再追问。从话轮 8-14，剩余话语虽然严厉但夹杂了一些温情，父亲的话语体现出恨铁不成钢的责怪和慈爱（"应当懂得'自爱'""为你的母亲"等），这也许得益于话轮 6 周萍的急收。假设他贸然说完整"哦，您说的是这些事啊！"势必引起周朴园的警觉和追问，谈话内容可能再次回到周萍所担心的话题，如果最终说出他与继母的事，不难想见将是怎样的暴风骤雨。由此可见，急收话语有时候会起到积极的人际效果，因为急收一方面可以隐瞒信息（杨晓红等，2012）（如本例），另一方面，在隐含地传递话语信息的时候，拥有很大的回旋余地，因为急收话语总是具有"可否定潜势"（potential deniability）（Weizman，1989：71），只是"暗示"（hint）（同上），而未明说。

　　还需说明的是，在分析话语互动过程中，我们按需要既采用"参与者"（emic 或者 insider）视角，也采用"观察者"（etic 或者 outsider）（见 Haugh，2012：114；Dynel，2017：70）视角。在理解急收话语的意义时，既可以从听话人的角度去理解，也可以从读者或者分析者（analyst）的视角去理解，因为在文学作品话语中，常常出现观众或读者已经明白而听话人却没领会到话语中的隐含意思的情况（Culpeper et al.，1998：2），例如：

（13）（语境：潦倒的骑士 Falstaff 与 Hal 是朋友，后者后来成为国王，且 Hal 暗地里说过，等他当上国王一定不再理会原来的狐朋狗友。）

　　FALSTAFF：My King! My love! I speak to thee, my heart!

　　KING：I know thee not, old man. Fall to thy prayers.（*Henry IV*，同上引）

Falstaff 并不知道新晋国王的真实想法，还继续以为对方是他的朋友，但观众由于知道前文的内容，明白国王话语的含意是"想抹去一切与 Falstaff 的关联，故意装作不认识他"（同上），但听话人 Falstaff 还不明白。同样，在本研究的语料中也有类似案例：

　　（14）（语境：鲁侍萍的儿子鲁大海在周朴园的工地上做工，只有鲁侍萍和周朴园知道周萍是他与侍萍的儿子，已与侍萍分别多年。）

　　1鲁大海：（对仆人）你们这些混账东西，放开我。我要说，你故意淹死了二千二百个小工，每一个小工的性命你扣三百块钱！姓周的，你发的是绝子绝孙的昧心财！你现在还——

　　2周　萍：（忍不住气，走到大海面前，重重地大他两个嘴巴。）你这种混账东西！（大海立刻要还手，倒是被周宅的仆人们拉住。）打他。

　　3鲁大海：（向萍高声）你，你（正要骂，仆人一起打大海。大海头流血。鲁妈哭喊着护大海。）

　　4周朴园：（厉声）不要打人！（仆人们停止打大海，仍拉着大海的手。）

　　5鲁大海：放开我，你们这一群强盗！

　　6周　萍：（向仆人）把他拉下去。

　　→7鲁侍萍：（大哭起来）哦，这真是一群强盗！（走至萍前，抽咽）你是萍，——凭，——凭什么打我的儿子？

　　8周　萍：你是谁？

　　→9鲁侍萍：我是你的——你打的这个人的妈。

　　10鲁大海：妈，别理这东西，您小心吃了他们的亏。

11 鲁侍萍：（呆呆地看着萍的脸，忽而又大哭起来）大海，走吧，我们走吧。（抱着大海受伤的头哭。）

12 周　萍：（过意不去地）父亲。

13 周朴园：你太鲁莽了。

　　　　　　　　　　　　　　　　　　　　　　（《雷雨》第二幕）

　　与上例类似，本例话轮 7，鲁侍萍差点没忍住叫出周萍的名字，读者根据"萍"与"凭"的提示以及前文语境，能够深切体会到一位母亲与多年不见的亲骨肉相见却不能相认的复杂心情。但听话人周萍却还蒙在鼓里。因此，在分析过程中，我们既要采用参与者视角，也有必要采用观察者视角，以便更全面地分析语料。

　　当然，出于本研究的语用修辞视角，我们还会在话轮分析过程中融入修辞学常用的比较法。具体地说，在本研究中，我们会对比急收话语与急收恢复后的话语可能产生的不同效果。

　　这里所展示的虽然只是分析方法及过程的一部分，但可以起到例示的作用，读者可举一反三，后文的分析不再作方法（论）说明。

第六节　小结

　　本章首先根据第二章的研究框架提出了三个研究问题，后文的第五、六、七章将分别对应这里的三个研究问题。其次，我们根据研究对象的特点确定了本研究的研究方法，主要是话语—互动分析法，也涉及内省法、比较法等，但不是分而用之，而是在话语分析的过程中整合起来。再次，我们介绍了本研究的语料来源、文本的主题等。在承认本研究的语料不是自然语料这一缺憾的同时，我们也展示了话剧语料的一些优势，能够为本研究服务。最后，我们简述了语料的分析方法，即如何进行分类标注、如何进行言语行为识别、如何进行语用修辞效果的衡量等，目的是为后文的分析奠定方法（论）基础。

第五章 急收话语的省略内容及其理解

上一章我们详细介绍了本研究的研究问题、方法、语料来源、语料的提取、描述与分析，在此基础上，本章主要回答第一个研究问题，即急收话语省略的内容是什么。首先基于语料讨论急收话语省略内容的分类，接着分析这些内容的分布特征，然后考察听话人是如何理解急收话语的，借助了哪些路径，最后，就本章内容进行小结。

第一节 急收话语省略内容的类别

一 急收话语省略内容恢复的必要性

在展开讨论急收内容分类之前，拟首先明确，听话人对于恢复急收话语省略内容有现实的必要性，先看一例：

(1) （语境：自称是印度公主的萨黑荑妮是范柳原的情妇，第二次世界大战爆发后与范一起离开香港。）

1 萨黑荑妮：（语气冷漠，带有一丝幽怨地）我回来了。

→2 白流苏：那……

3 萨黑荑妮：你想问范在哪里？

4 白流苏：（别过头去，默然地）

5 萨黑荑妮：他没有和我在一起。

6 白流苏：（猛然欣喜地抬起头）什么？他不是和你去英国了吗？

7 萨黑荑妮：（摇摇头）

→8 白流苏：那他……

9 萨黑荑妮：他去了上海。

　　10 白流苏：上海？他去上海做什么？

　　11 萨黑黄妮：办他的事。

（《倾城之恋》第三幕）

　　当得知萨回来后，白流苏可能是想问"那范柳原呢?"，但出于某种考虑，如羞于启齿或是对范的憎恨而急收了。虽然萨知道白流苏与范柳原的关系，且熟知白内敛、传统的性格，但对她的省略话语没有十足的把握，因此用话轮 3 进行求证。对于话轮 8，萨没有继续求证，说明她进行了省略话语的补充，并对此有足够的信心，然后直接进行了回应。

　　从上例可见，急收话语省略部分的恢复有满足当前交际的现实需要，如果无法恢复，就会造成交际障碍。毋庸置疑，语言是一种交际工具（潘文国，2001）。这种交际工具交际了什么？ Sperber & Wilson（1995：2）认为语言编码了说话人的思想、假设或信息。无论是思想还是信息等都由词汇来表征。按意义生成的传统观点，句子或话语义是由单个的词语或成分的固定意义（inherent meaning）组合而成的（Crocker *et al.*,2016：77），即著名的语义组合原则（The Principle of Semantic Compositionality）的内容。尽管相同的词汇甚至句子在具体的语境中可以在修辞或语用上识解为不同于其字面意义的语效，但成分间的语义合成是基础的和首要的（见赵彦春，2008）。那么，说话人在编码思想时就不得不考虑使用对应的词汇来传达意义，必要词汇的缺省可能直接导致相应意义的缺失。Grice（1989：26）合作原则量准则的第一条次则（所说的话应该满足交际所需的信息量）就是对足够信息量的关注。因此，回顾例（1），说话人隐去的话语在一定程度上造成了交际障碍，话轮 3 就是对不充分信息的进一步求证和挖掘。话轮 4，白流苏的沉默默认了萨的猜测，使得接下来的话语能够继续。

二　急收话语的省略内容分类详述

　　我们知道，话语的显义内容来自语言表达和语境（Carston，2013：3），因此，我们综合语言表达，根据语篇证据以及母语直觉对每一例急收进行了基于推理的自由充实，从语料出发，自下而上（bottom up）地归纳了急收的内容倾向，总结如表 5-1。表中的标签都是按语料所反映的倾向进行归纳的，但并不是在严格的术语层面使用它们的，因此，必须结合实例就这些类别作简要说明。另外，表中的分类不是完全的排中关系，比如"驱使话语"可能也是"冒犯话语"，但我们是根据语料在具体语境下最凸显的表现方面来标注的。因此，下表的区分虽然显得有些主观和初级，但是本研究初识研究对象的必经过程，且也是有据可依的。

表 5-1　　　　　　　　急收话语的内容倾向

项目	类　别								
大类	敏感话语								
	消极话语							积极	中性
次类	负面消息	负面看法	驱使	难堪	隐私	冒犯	忌讳		

　　上表中的"积极"和"中性"话语由于数量偏少，不具有继续分类的意义，因此没有分类。下面基于上表的内容一一举例说明。

（一）宏观分类

　　根据上表，急收话语内容大都体现出一定的敏感性，只是有程度之别。这里的敏感不仅指言语本身所带有的敏感内容，还包括言语在语境中体现出来的语境敏感性。比如：

　　（2）（语境：周公馆大少爷因各种原因打长期离开周公馆去父亲开的矿上，打算要带在家里帮工的下人，也是心上人四凤一起走，鲁妈死活不同意，四凤最后不得不说她与周萍的关系已经到了不得不面对的地步了。）

　　1 四凤：萍，我，总是瞒着你；也不肯告诉您（乞怜地望着鲁妈）妈，您——

　　2 鲁妈：什么，孩子，快说。

　　→3 四凤：（抽咽）我，我——（放胆）我跟他现在已经有……（大哭）

　　4 鲁妈：（切迫地）怎么，你说你有——（受到打击，不动。）

　　5 周萍：（拉起四凤的手）四凤！怎么，真的，你——

　　6 四凤：（哭）嗯。

　　7 周萍：（悲喜交集）什么时候？什么时候？

8 四凤：（低头）大概已经三个月。

（《雷雨》第四幕）

话轮 3，四凤鼓起勇气承认自己和周萍已经有孩子了，急收省略了"孩子"，该词本身毫无敏感性，只是在此语境中，四凤还未出嫁，在那个年代未婚先孕是非常丢人的事，因此具有高度的语境敏感性。四凤没敢说出来，就大哭起来。急收之后，"肢体动作会更加引人注意和富有暗示性"（Shears，2008：185）。因此，话轮 4，鲁妈知道后的反应是"受到打击，不动"，从肢体语言上可以推知这件事的严重性。其他急收诸例的敏感性都指此意义上的语境敏感性，而非语言形式本身。正如 Watts（2003），Culpeper（2005，2009），Haugh（2011）等在研究言语行为的礼貌问题时发现，没有哪个言语行为在本质上是（不）礼貌的，这取决于言语发生的语境或情形（Kecskes，2017：7）。

从积极/消极这个维度看，消极话语更为敏感，而积极话语的敏感度低一些，而既不算消极又不积极的话语内容更多地体现为语言层面的高度可预测性和人际层面的轻微敏感性。本研究对于"消极""积极"等概念的使用与上述"敏感"的使用差不多，都强调具体语境下的表现，而不仅仅是语言本身，下文会一一举例说明。

（二）微观分类

从数量上看，急收省略的话语传递"负面消息"的情况居多，这里所谓的负面消息就是陈述某种不符合听话人期望的、坏的事实，如下例：

（3）（语境：军队离休干部唐旭病愈出院，几天没见到儿子小五，向妻子林芝了解情况。）

1 唐旭：你呀！——哎我说，我出院好几天了，小五怎么总不露面？

2 林芝：——他的事你就别管了。

3 唐旭：我是他爸爸，我不管谁管？——你——你是不是有事瞒着我？

4 林芝：——没有。啥事都没有，他挺好的——

5 唐旭：不对，肯定有事——是不是他新找的工作又不干了？——你说呀！

　　→6 林芝：唉！真是没办法，他那倔脾气又犯了！这个单位的领导知道他是老红军的儿子，说他给老红军丢脸，他急了，跟人家动了手，让派出所给——

　　7 唐旭：什么？动手打领导？还进了派出所？——丢人哪！打电话让他回来见我！

（《信仰》第六场）

　　唐旭是抗战年代的首长，离休后还一心坚持革命事业，对自己和家人要求严格，妻子林芝对老唐的性格十分了解，因此，当唐旭问儿子小五时林总是闪烁其词，话轮 6 的急收省略的无疑是"让派出所给抓/关起来了"。"传递坏消息是一项行为技巧"（从志杰等，2010）。使用"隐含语言"（implicit language）传递坏消息是常用手法（Vento et al.，2009：448），因此，林芝选择了急收。急收就是明说话语隐含化的重要手段。在本例中，小五的情况对他本人来说是坏消息，对于父亲唐旭来说也是坏消息，革命军人家庭尤其注重家人的行为，因此林芝才如此吞吞吐吐。话轮 7 中，唐旭的措辞和语气证实了林芝的担心。

　　在文献回顾部分，我们提到，急收还可以与威胁行为联系起来（见Dimit，2006：164），在本研究的语料中也有发现，在此，我们把威胁话语也归入负面消息一类，因为从直观感受看，威胁是带给受话人的负面消息。如下例：

　　（4）（语境：周萍决定第二天就离开家到矿上去，当夜想见四凤一面。）

　　1 四　凤：（苦痛地）啊，大少爷，这不是你的公馆，你饶了我吧。

　　2 外面的声音：（怨恨地）那么你忘了我了，你不再想……

　　3 四　凤：（决定地）对了。（转过身，面向观众，苦痛地）我忘了你了。你走吧。

　　4 外面的声音：（忽然地）是不是刚才我的弟弟来了？

　　5 四　凤：嗯！（踌躇地）……他……他……他来了！

6 外面的声音：（尖酸地）哦！（长长叹一口气）那就怪不得你，你现在这样了。

7 四　凤：（没有办法）你明明知道我是不喜欢他的。

→8 外面的声音：（狠毒地）哼，没有心肝，只要你变了心，小心我……（冷笑）

9 四　凤：谁变了心？

10 外面的声音：（恶躁地）那你为什么不打开门，让我进来？你不知道我是真爱你么？我

没有你不成么？

（《雷雨》第三幕）

四凤不是不想见周萍，只是父母就在隔壁，一会儿哥哥大海也回来了，且已经很晚了，因此不敢开门。周萍气急败坏，话轮 8 开始指责甚至威胁四凤，话不必说完，威胁的意思已经很明显了。若进一步探究，本例的威胁行为是"条件性威胁"（樊小玲、胡范铸，2013），即只要满足一定条件，说话人就要实施某种对听话人不利的行为。这种威胁实际上是"以间接的方式表达了指令"（同上），是想阻止听话人某种行为的发生。

如果说上表中的"负面消息"的重点是"消息"，那么"负面看法"的重点在于带有说话人的态度和情感，如下例：

（5）（语境：鲁妈得知女儿四凤在大户人家帮工，顺便过去看看女儿，但她不知道女儿在周公馆当下人，等见到女儿才发现竟然是多年前自己也在此做下人的周公馆。）

[四凤走到母亲前，跪下。]

1 四凤：妈，您不怪我吧？您不怪我这次没听您的话，跑到周公馆做事吧？

2 鲁妈：不，不，做了就做了。——不过为什么这两年你一个字也不告诉我，我下车走

到家里，才听见张大婶告诉我，说我的女儿在这儿。

3 四凤：妈，我怕您生气，我怕您难过，我不敢告诉您。——其

实，妈，我们也不是什么富贵人家，就是像我这样帮人，我想也没有
什么关系。

　　→4 鲁妈：不，你以为妈怕穷么？怕人家笑我们穷么？不，孩
子，妈最知道认命，妈最看得开，不过，孩子，我怕你太年青，容易
一阵子犯糊涂，妈受过苦，妈知道。你不懂，你不知道这世界太——
人的心太——。（叹一口气）好，我们先不提这个。（站起来）这家
的太太真怪！她要见我干什么？

　　5 四凤：嗯，嗯，是啊。（她的恐惧来了，但是她愿意向好的一
面想）不，妈，这边太太没有多少朋友，她听说妈也会写字，念书，
也许觉着很相近，所以想请妈来谈谈。

　　　　　　　　　　　　　　　　　　　　　　（《雷雨》第二幕）

　　鲁妈此前并没有向四凤甚至鲁贵说起过自己的旧事，得知女儿四凤步
她的后尘，在大户人家做下人，她从自己的遭遇出发感叹这个世界太黑
暗，人心太险恶，以说明她为何反对女儿到大户人家当下人。这种消极话
语倾向从前面的话语"认命""妈受过苦""你太年轻"等可以推知。杜
永道（1999）称，控制消极心态进行话语设计，有利于达到非交际目的
也即"言语交际的终极目的"。鲁妈用急收的方式控制了自己的消极心
态，不愿意过分引起四凤的注意，从而刨根问底，抑或是不愿意向年轻的
四凤传递过于消极的想法，因此就打住了。话轮 5，四凤只是回答了鲁妈
话轮 4 的最后一个问题，没有纠缠于前面的话。

　　下一类话语是"驱使话语"，在此是指要求别人做某事的话语。驱使
（imposition）一词来自 Brown & Levinson（1987：61），如果个人的行动自
由被干涉或受到驱使就是消极面子受到了损害（同上），挽救措施就是尽
力减少驱使的程度（同上：176）。不少急收话语表现出维护对方消极面
子的需求，如下例：

　　（6）（语境：受家人撺掇，白家老太太想请有些交情的徐太太把
孙女金蝉嫁给有钱的商人范柳原。）

　　1 徐太太：老太太，你说的事儿跟金蝉有关？

　　→2 白老太太：（点点头）我们白家生男多孱弱，反倒是几个女

流像模像样些，小一辈的里面，金蝉还像那么回事，要是你不嫌弃，我想把她认给你，做你的干孙女，你看……

　　3 徐太太：哦，我还当是什么大不了的事呢！

　　4 白老太太：那你是应允了？

　　5 徐太太：积善积德的事儿，我不会错过的，就是怕这孩子将来跟不惯我，活受罪。

　　6 白老太太：你是个菩萨心，你待孩子怎么样，我心里有数。

　　7 徐太太：好。

（《倾城之恋》第二幕）

　　受儿子儿媳的撺掇，白老太太打算让孙女金蝉去攀附有钱人范柳原，因此她虽是长者，但有求于徐，说话不得不更讲究。话轮 2 最后本来是想说"你看如何/可以吗/怎么样？"之类的话，但过于直白，要求对方表态，驱使程度较高，因此用了急收。虽然话语意思没有变，但急收这一行为传达了说话人试探和留有余地的态度，驱使程度相对低一些。

　　急收还常常与某种羞于启齿的内容联系在一起，我们标记为"难堪话语"，例如：

　　（7）（语境：虎妞的父亲是人力车厂长，他生日快到了，虎妞要求拉人力车的祥子给父亲送点生日礼物，趁老头子高兴的时候就提与虎妞结婚的事。）

　　1 虎妞：怎么，哑巴啦？你可说话呀！

　　2 祥子：随你的便吧！我……这一辈子！

　　3 虎妞：这一辈子，有我这么个人疼你，还委屈你啦？便宜都叫你小子一个人捡着了，还得剜着心眼替你想主意，你算哪门子的男子汉？

　　→4 祥子：（叹了口气）我真给男子汉丢人！那天晚上要不是叫你给灌醉了……

　　5 虎妞：甭提那个了，这是咱俩的缘分。就这么办了。二十七见！我可得回去了。祥子，

　　给你，这是你存的那三十多块钱，收好了，不为别的，就为表表

我的心，收好了，你别忘恩负义就行了，丢了可别赖我。

（《骆驼祥子》第二幕）

　　虎妞是个真性情的人，敢爱敢恨、不拘小节，虽是车行老板的女儿却能和拉车的底层劳动者打成一片。虎妞喜欢祥子，还帮他出点子如何让她父亲同意他们的婚事，而祥子表现得更扭捏一些，话轮 4 说"真给男子汉丢人"，下面的省略话语意思很清楚，却是很难开口说的难堪话语，不仅让自己难堪，也让对方难堪。如果要恢复，大抵是"那天晚上要不是叫你给灌醉了发生了那种事情就不至于有今天"之类的话。虎妞不仅不生气，还说是缘分（话轮 5），可见她的大度。

　　表中下一项是所谓的"隐私话语"，看起来与"难堪话语"难相区别，我们的区分标准是，难堪话语是难以启齿的事情，而隐私是对于说话人或听话人而言很重要，不便为外人知道的事情，不一定是难以启齿的事。如下例：

　　（8）（语境：同在周公馆做事的鲁贵常常找女儿四凤要钱去赌博，如果不成就指责甚至威胁四凤。这一次又找四凤要钱被拒，开始揭四凤的短。）

　　1 鲁贵：我不在家，你半夜才回来，以前你干什么？

　　2 四凤：（掩饰）我替太太找东西呢。

　　3 鲁贵：为什么那么晚才回家？

　　4 四凤：（轻蔑地）您这样的父亲没有资格来问我。

　　5 鲁贵：好文明词！你就说不上你上哪去呢。

　　6 四凤：那有什么说不上！

　　7 鲁贵：什么？说！

　　8 四凤：那是太太听说老爷刚回来，又要我捡老爷的衣服。

　　9 鲁贵：哦，（低声，恐吓地）可是半夜送你回家的那位是谁？坐着汽车，醉醺醺，只对你说胡话的那位是谁呀？（得意地微笑）。

　　10 四凤：（惊吓）那，那——

　　11 鲁贵：（大笑）哦，你不用说了，那是我们鲁家的阔女婿！——哼，我们两间半破瓦房居然来了坐汽车的男朋友，找我这当差的女儿啦！（突然严厉）我问你，他是谁？你说。

　　→12 四凤：他，他是——

（《雷雨》第一幕）

　　鲁贵要钱不成就耍起了作为父亲的威风，话轮 1、3、5、7，鲁贵就咬定一个问题，问女儿为何那么晚才回家，四凤本来就讨厌父亲的行为，又因为对方故意要揭露自己的隐私，自然不情愿说。她的策略开始是掩饰（话轮 2），后来是转移话题（话轮 4），但都不成功。直到话轮 9 鲁贵甚至描述了当时的细节，四凤开始慌了（话轮 10）。男婚女嫁本是正常的事，但偏偏是周公馆的大少爷周萍，因此四凤被逼到不得不说的地步也不肯说（话轮 12），主要是怕她和周萍的隐私被公开，给自己尤其是给周萍带来麻烦。

　　"冒犯话语"的识别相容易一些，就是指可能会冲撞到对方的话语，如下例：

　　(9)（语境：康顺子小时候被爹卖给庞太监，人贩子刘麻子从中牟利。几十年后再偶遇。）

　　1 康顺子（不语，直奔刘麻子去）：刘麻子，你还认识我吗？（要打，但是伸不出手去，一个劲地颤抖）你，你，你个……（要骂，也感到困难）（不算）

　　2 刘麻子：你这个娘儿们，无缘无故地跟我捣什么乱呢？

　　3 康顺子（挣扎）：无缘无故？你，你看看我是谁？一个男子汉，干什么吃不了饭，偏干伤天害理的事！呸！呸！

　　4 王利发：这位大嫂，有话好好说！

　　5 康顺子：你是掌柜的？你忘了吗？十几年前，有个娶媳妇的太监？

　　→6 王利发：您，您就是庞太监的那个……

　　7 康顺子：都是他（指刘麻子）作的好事，我今天跟他算算账！（又要打，仍未成功）

　　8 刘麻子（躲）：你敢，你敢！我好男不跟女斗！（随说随往后退）我，我找人来帮我说说理！（撒腿往后面跑）

（《茶馆》第二幕）

　　话轮 5 康顺子已经提到"有个娶媳妇的太监",因此,不难理解,话轮 6 是要说"您就是庞太监的那个媳妇?"如果是正常的夫妻关系,说某女士是谁的媳妇不是什么冒犯的事。然而本例中,康顺子是被卖给太监当媳妇,是荒唐的、"伤天害理的事"(话轮 3),如果称呼康顺子为庞太监的媳妇就是对"伤天害理的事"的认可,这对于受害人康顺子来说恐怕是很冒犯的。从康的行为("一个劲地颤抖")以及话语可见,时隔多年,她对此还是非常愤怒。

　　忌讳的话语往往与禁忌有关,比如疾病、死亡等,如下例:

　　(10)(语境:老栓听人说吃人血馒头能治小栓的痨病,带着小栓走了几十公里路赶到杀革命党的地方。)

　　1 小栓:爹,我头晕,……我头晕……

　　2 老栓:再忍一忍,等会吃了那服偏方就会好的。

　　3 老富:这是痨症,孩子身体虚,你不该带他进城来,走三十多里的路……

　　4 老栓:这不是人家告诉了个偏方,专治五痨七伤,保准见效。就是得热着吃,若带回家凉了,就没用了,所以只好带他来,没法子呀!

　　5 老富:是什么偏方呢?

　→6 老栓:是……是……

　　7 小栓:爹,我实在撑不住了。(趴伏在条凳子上)爹,我……我头晕,眼发黑……

(《咸亨酒店》第二幕)

　　老栓每次提到所谓的"药方"时,用的都是"偏方"(话轮 2、4),并没说明是什么偏方,所以当老富好奇地问是什么偏方时,老栓无法说出口。他自己当然知道是"人血馒头",由于是用人血浸泡的馒头,很是忌讳,也害怕小栓受惊吓,所以老栓不愿意明说。

　　以上类型是急收省略的消极话语内容的大体情形,还有无法归入上面类型的极少量例子一并归为"其他",在此不一一展示。

　　有意思的是,急收省略的话语也不全是消极话语,相反,还有少数情形是省略了积极话语，例如：

（11）（语境：周公馆二少爷周冲向母亲繁漪说自己有心上人了。）

1周冲：妈，我现在喜欢一个人。

2繁漪：哦！（证实了她的疑惧）哦！

3周冲：（望着繁漪的凝视的眼睛）妈，您看，你的神气又好像说我不应该似的。

4繁漪：不，不，你这句话叫我想起来，——叫我觉得我自己……——哦，不，不，不。你说吧。这个女孩子是谁？

→5周冲：她是世界上最——（看一看繁漪）不，妈，您看您又要笑话我。反正她是我认为最满意的女孩子。她心地单纯，她懂得活着的快乐，她知道同情，她明白劳动有意义。最好的，她不是小姐堆里娇生惯养出来的人。

6繁漪：可是你不是喜欢受过教育的人么？她念过书么？

7周冲：自然没念过书。这是她，也可说是她唯一的缺点，然而这并不怪她。

（《雷雨》第一幕）

在描述自己心上人的时候，我们往往不吝使用"最好""最体贴""最漂亮"夸张的语言，周冲自然不是例外。但由于怕母亲笑话，他选择了急收（话轮5），虽然我们不能确定省略的具体词汇，但必定是褒义的，他接着说她是自己"最满意"的女孩证实了我们的猜测方向是正确的。又如：

（12）（语境：祥子在曹家拉包月，白天拉车出事故把曹先生摔了，自己也受了伤，晚上在曹家跟在曹家做佣人的高妈说起此事。）

1祥子：我就是觉乎着今天摔了曹先生，心里真是，……对不起人。

2高妈：算了，你呀爱挂火，你在这儿拉包月总比你出去拉散座、打油飞强。什么都是假的，钱是真的。对吧，祥子？

→3 祥子：我就死皮赖脸的干吧，多会儿自己买上车……

4 高妈：对，心眼活动着点儿，没错。歇着吧，我去看看太太还要什么不。（下。）

（《骆驼祥子》第三幕）

祥子因为拉车摔了曹先生而感到很愧疚，觉得没脸继续做下去了。高妈劝他留下，理由是拉包月收入更稳定一些。话轮 3，祥子说自己"死皮赖脸"，意思是没有办法才留下，接着说"多会儿自己买上车"就急收了，可能是因为目标还没有实现，不好意思说完，但意思很明确，就是自己买了车就单干了，就不用赖在这里了。离开这里至少在祥子看来是好事，且虎妞也是反动他离开家拉包月的。高妈连说"对""没错"说明她明白且支持祥子的想法。

上文描述了急收话语省略的消极内容与积极内容，从逻辑上说，消极话语与积极话语之外预设了某种作为潜在标准的"中性"话语。虽然在具体话语中似乎很难找到既不消极又不积极的中性话语，但在语境中相对中性的急收话语还是存在的，如下例：

（13）（语境：鲁妈得知女儿四凤在大户人家帮工，顺便过去看看女儿，但她不知道女儿在周公馆当下人，等见到女儿才发现竟然是多年前自己也在此做下人的周公馆。）

1 四凤：妈，我怕您生气，我怕您难过，我不敢告诉您。——其实，妈，我们也不是什么富贵人家，就是像我这样帮人，我想也没有什么关系。

2 鲁妈：不，你以为妈怕穷么？怕人家笑我们穷么？不，孩子，妈最知道认命，妈最看得开，不过，孩子，我怕你太年青，容易一阵子犯糊涂，妈受过苦，妈知道的。你不懂，你不知道这世界太——人的心太——（叹一口气）好，我们先不提这个。（站起来）这家的太太真怪！她要见我干什么？

3 四凤：嗯，嗯，是啊（她的恐惧来了，但是她愿意向好的一面想）不，妈，这边太太没有多少朋友，她听说妈也会写字，念书，也许觉着很相近，所以想请妈来谈谈。

→4 鲁妈：（不信地）哦？（慢慢看这屋子的摆设，指着有镜台的柜）这屋子倒是很雅致的。就是家具太旧了点。这是——？

5 四凤：这是老爷用的红木书桌，现在做摆饰用了。听说这是三十年前的老东西，老爷偏偏喜欢用，到哪儿带到哪儿。

6 鲁妈：那个（指着有镜台的柜）是什么？

7 四凤：那也是件老东西，从前的第一个太太，就是大少爷的母亲，顶爱的东西。您看，从前的家具多笨哪。

（《雷雨》第二幕）

本例是上文例（5）的接续部分。我们重点关注话轮4，鲁妈先是用肢体动作（指着有镜台的柜），然后使用了急收话语"这是——？"虽然本例急收具有一定程度的驱使性（要求对方提供信息），但无论从说话人关系、权势（母—女）还是话题本身，鲁妈都不必为了礼貌而急收。换句话说，即便鲁妈完整地说出"这是什么？"也不会带来不良人际后果，那么，本例急收只可能是为了经济性。因此，我们认为类似本例的急收话语是较为中性的。

上面我们详述了急收话语在内容上表现出的倾向，在此有必要先明确恢复内容的性质，即到底是显义还是含意。在第二章中，我们提到，本研究的分析框架主要是基于语用学的几大重要理论分支如关联理论等来讨论急收的语用修辞内容的。我们也强调，对于语义的分析，语用学理论较之传统修辞学具有优势。从关联理论的角度看，急收话语的省略内容大体上属于"显义"（explicature），而不全是"含意"。原因是，"显义是从语言给定的不完整的概念表征或逻辑式推理而来的语义"（Huang，2014：275），而含意是"说话人意欲使自己的话有关联，并显明地向听话人明示的一种语境假设或语境隐含"（Sperber & Wilson，1995：195）。或许这里只需要一个简单、直观的区分：显义大抵是话语字面所直接传达的意义，而含意不是话语的字面内容直接传递的意义。虽然话语理解过程不是先弄清显义再推理含意，而是"相互平行调适"（mutual parallel process）的过程（Clark，2013：124；Wilson，2015），但并不表示显义和含意是不加区分的。理解急收话语省略的内容往往需要补全省略的字面意义。如例（1）中话轮2"那……"，其补全话语大致是"那范柳原呢"，补全的是字面意义，属于显义内容，而不是含意，但说话人的说话方式又会引起含意，这是另外一个问题。或许应表达得更清晰一些：这里不是要从严格的意义上（如严格执行解码、消歧、指称赋值（Wilson，2015：615）等步骤）去呈现每个急收话语的显义，而是认为，我们恢复的急收内容从归属上看属于显义的一部分。对听话人理解路径的总结也部分涉及显义获得的路径，如饱和化（saturation）、自由充实（free enrichment）（Huang，2014：276）以及认知框架充实（陈新仁，2015）等。

第二节　急收话语省略内容的分布

一　急收话语省略内容的分布概况

上节我们详细说明了本研究对急收话语省略内容的分类，本节，我们主要就上述分类进行分布上的统计。

首先，从大类上看，急收话语内容主要分为消极话语、积极话语与中性话语，在语料中的频数如下：

表5-2　　　　　　　　　　急收话语内容大类分布表

项目	类　别		
分类	消极话语	积极话语	中性话语
数量	189	13	10

从表中的频次上可以很明显地看出，急收话语省略的内容主要是消极内容。如果频次呈现还不够具体，我们还可进行卡方分布检验。所得结果如下：

表5-3　　　　　　　　　　急收话语内容卡方检验结果

	观察数	期望数	残差
消极话语	189	70.7	118.3
积极话语	13	70.7	−57.7
中性话语	10	70.7	−60.7
总数	212		

表 5-4 　　　　　　　　　　急收话语内容卡方检验统计结果

	类别
卡方	297.292[a]
df	2
渐近显著性	.000

a. 0 个单元（.0%）具有小于 5 的期望频率。单元最小期望频率为 70.7。

从上面的结果可见，消极话语的分布与积极话语和中性话语有显著差异（p<0.05），印证了我们的直观判断。

其次，按同样的方法，我们还可以对上述大类的次类进行分析。由于积极话语和消极话语的总量较少，如果再进行细分，每个次类的频次都小于 5，不具有统计意义，因此，我们只对消极话语这一大类进行细分，并进行频次计算，结果如下：

表 5-5 　　　　　　　　　　　消极急收话语分类表

大　类	消极话语						
次类	负面消息	驱使	负面看法	难堪	隐私	冒犯	忌讳
数量	47	36	34	24	21	15	12

我们再次使用 SPSS 17.0 来对这组数据进行卡方检验，看这些频次的分布是否具有显著差异。结果如下：

表 5-6 　　　　　　　　　　　消极话语卡方检验统计

	类别
卡方	34.963[a]
df	6
渐近显著性	.000

a. 0 个单元（.0%）具有小于 5 的期望频率。单元最小期望频率为 27。

结果显示，每个分类的频次都大于 5，检验结果有效。P<0.05，说明上述类别的分布具有显著差异。具体分布情况如下表：

表 5-7 　　　　　　　　　　　消极话语卡方分布结果

	观察数	期望数	残差
负面消息	47	27	20

	观察数	期望数	残差
驱使话语	36	27	9
负面看法	34	27	7
难堪话语	24	27	−3
隐私话语	21	27	−6
冒犯话语	15	27	−12
忌讳话语	12	27	−15
总数	189		

从表 5-7 中可见，超出期望频次较多的是"负面消息""驱使话语"与"负面看法"，这在一定程度上说明急收话语较多地用于此类情形。也就是说，说话人在给听话人带去坏消息、要求对方为自己做事或者向对方表达负面看法的时候显得比较犹豫。正如前面我们提到 Vento *et al.*（2009：444）发现的那样，医生在不得不向病人传递坏消息时往往处于进退两难（dilemma）的境地，"隐含话语"（同上：448）正好为其所用，急收话语就是隐含话语手段之一。

尽管我们回到语料反复确认上表中的分类并无重叠情况，比如负面消息中不包含难堪话语、隐私话语等，但我们仍然准备承认上述分类的潜在问题，即分类可能不完全在一个层面上，如果把负面消息等更加具体化，也许结果就有所变化。如果我们只对后四项，即"难堪话语""隐私话语""冒犯话语"及"忌讳话语"进行分布检验就发现，p 值为 .172，没有显著性差异，即急收话语在用于这些方面时没有明显的倾向，而是较为随机的分布。当然，我们并不打算以这个结果否定上面的论述，毕竟我们确实发现急收话语更多地用于传达负面消息。

以上是本研究的语料体现出的急收话语的内容倾向。概括地看，急收内容大都有一定程度的敏感性。从次类数量上看，消极话语占了大多数，中性话语与积极话语较少出现。消极话语中又以负面消息、驱使话语等为多，卡方分布检验证明上述分布有显著差异。为何会有上述差异？下面简要分析原因。

二　急收话语省略内容分布的原因

消极话语的高密度出现是否跟我们所选择的话剧本身有关？比如《雷雨》《骆驼祥子》等话剧带有悲剧色彩，因此，里面出现的急收话语带有消极性质是可以预料的。如果悲剧里的急收话语都具有消极色彩而带有喜剧色彩的话剧里的急收话语都具有积极或中性色彩，那就说明急收话语与话剧本身密切相关。通过查找发现，本研究中的急收表达的积极话语基本都来自《雷雨》和《骆驼祥子》，而具有喜剧性质的《压迫》没有出现表达积极内容的急收现象。而且，如前文所提到的，急收话语都体现了一定程度的敏感性，即便是积极话语也隐含着不便明说的内容。至少本研究中的语料没有出现为了取乐或幽默的急收话语。也就是说，话剧本身的性质与急收话语所表达的消极倾向没有直接联系，起决定作用的是具体话语情形以及说话人对话语所带来的结果的预判。

通过文献阅读以及语料分析，我们发现急收话语的特征之一是"最后时刻的自我抑制"（Merrill 和 Bolt，1991：41）。这说明说话人突然意识到某些话语不能说，不能说的话要么是对自己不利，要么是听话人不愿意听到的话语。此类话语必然在很大程度上属于敏感或消极话语。尤其是在话语双方面对面的交流时，考虑到此类消极话语可能会引起某些说话人不希望看到的后果，因此需要采取措施来（部分）抵消消极话语可能导致的不符合预期的后果，而急收就是说话人在"最后时刻"的意识觉醒后的紧急而有效的方法。如下例：

（14）（语境：曾经热恋的两个人不会想到，一次很平常的分别后再次相见已经是几十年后了，还是通过寻人启事找到的。昔日的青春少年如今已是风烛残年的老人了。江滨柳躺在病床上，身患绝症，只盼再见一次之凡。她看到寻人启事后来到病房。）

1 江滨柳：你什么时候看报纸的？

2 云之凡：嗯？

3 江滨柳：你什么时候看的报纸啊？

→4 云之凡：今……登的那天就看到了。

5 江滨柳：身体还好？

6 云之凡：还好。

（《暗恋桃花源》第六幕）

本例有趣的地方就在于话轮4，之凡是口误还是有意隐瞒，即她到底是刚刚看到报纸还是"登的那天就看到了"。这看起来没什么区别，但对于江滨柳来说显然是有区别的，且他是专门问这个问题的（话轮1）。我们认为，之凡是刚刚看到就来了，但她不想让滨柳知道她依然这么急切地想见他，毕竟都已经成家且都老了，因此马上改口说"登的那天就看到了"，意思是看到消息后自己并不那么惊讶，等了几天才来。她希望借此传递的信息是，他们的关系已经不是曾经的恋人了，而至多是故人。

诸如此类的情形都可以使用急收来调节话语内容，更好地为说话人服务。这是急收话语具有上述分布特征的原因之一。

此外，急收话语在一定程度上具有理解上的"开放性"（openness）（见 Lagerwerf 和 Meijers，2008：19）。这可以让话语的力度得到减弱，例如：

(15)（语境：渔人老陶较为懦弱，妻子春花与房东袁老板长期有染，为了支开老陶，他们劝他去上游打鱼，结果老陶去上游后误入桃花源，几年后回到原来的家里，春花已经与袁老板长期住在一起了。）

1 老　陶：袁老板，您是常来我们家——玩儿？

2 袁老板：玩儿遍了。（春花用杂物砸向袁老板）我是路过。（砸）我是在人生的旅途上暂时路过。

3 春　花：（起身）路过？那你当老娘这儿是客栈呀？

4 袁老板：（起身）为什么我每次讲话都顶我嘴，难道你当外人的面就不能给我一点面子？

5 春　花：什么外人哪？

6 袁老板：他！（指向老陶，老陶尴尬）

……

（孩子哭声）

7 春　花：孩子哭了！（去抱孩子）

→8 老　陶：袁老板，这孩子……

9 袁老板：春花的！

10 老　陶：哦。

（《暗恋桃花源》第六幕）

话轮 8，老陶当然知道孩子是春花生的，他可能是想问"这孩子是你的吗？"但如果这样问，就让地方没有选择余地了。但老陶是问"这孩子……"这与他一贯的懦弱相吻合，虽然意思很明确，但听话人有选择不同理解的空间，比如"这孩子叫什么名字？""这孩子是谁的？""这孩子多大了？"等，这就是急收话语带来的理解开放性。袁老板话轮 9 就是利用了这种开放性，看似回答实则避开了老陶的问题。

急收话语的上述特征能够为说话人在某些不宜说明的话语情景下使用，这也部分地解释了急收话语为何具有上述分布特征的原因。

第三节　听话人理解急收话语内容的路径

上文中，我们主要基于语境证据以及母语直觉对本研究的急收话语的省略部分进行了恢复，并归纳了内容倾向。本节拟回答急收是否会影响听话人理解的问题。对于这个问题的回答有两种方式，一种是直接观察急收最近话轮的听话人行为和/或话语反应，判断听话人是否理解，例如：

（16）（语境：范的朋友徐先生对范的军火走私生意感兴趣，也想分一杯羹。）

→1 徐先生：英国人与日本人在东南亚和中国向来是水火不容的，亨顿这么做，肯定会背负通敌的罪名，依他老绅士的性格，就是借给他一千个胆，他也不敢，除非……

2 范柳原：除非什么？

（《倾城之恋》第一幕）

如果只是观察话轮 2 听话人的反应，可以直观看到，听话人没有听懂，否则不会追问"除非什么"。这样似乎就可以回答，急收影响了听话人的理解。而另一种回答该问题的方式是，基于更多话轮，从话语序列中分析听话人是否真的不懂。比如我们扩大上例的话轮：

（17）（语境同上例）

1 范柳原：你到底想说什么？

2 徐先生：我听说了一件事，亨顿买了一批军火，要卖给日本人，范先生知道吗？

3 范柳原：（冷笑一下，只顾喝酒）

→4 徐先生：英国人与日本人在东南亚和中国向来是水火不容的，亨顿这么做，肯定会背负通敌的罪名，依他老绅士的性格，就是借给他一千个胆，他也不敢，除非……

5 范柳原：除非什么？

6 徐先生：呵呵，除非有人假冒他的名义。

7 范柳原：哦？什么人这么大胆？

8 徐先生：中日眼看就要交恶，中国政府严禁私人走私军火，违者杀无赦。范先生应该知道吧？

9 范柳原：呵呵，这关我什么事？

10 徐先生：敢这样做的人，一定和范先生一样，有胆有识。在上海这边，找到大批房产囤积军火，在与日本人交易时，找人中途截下，等待上海战事一起，再把这批军火以缴获的名义卖给中国军方，既免了罪名，还做了爱国者，也能够借机挤垮亨顿先生。厉害，实在是厉害。

徐先生早知晓了范走私军火的事，但总不说破，话轮4说到"除非"就打住了，就是想观察范的反应，其实他早就知道范假托亨顿的名走私军火。徐不断试探，如话轮6的"除非有人"，话轮8的"范先生应该知道吧？"，但范柳原一直装糊涂，如"除非什么？"（话轮5），"什么人这么大胆？"（话轮7），"关我什么事？"（话轮9），二人都在打着小算盘。也就是说，徐先生的每一句话范都是明白的，包括话轮5的急收，他不过是在装糊涂。这样我们就不能判定急收话语是否影响了听话人的理解。我们认为第二种方法更客观，因此拟基于更多话轮，并更进一步总结听话人是基于何种路径或方法来理解急收的，从而更有根据地回答上述研究问题，而不是简单地以"是"或"否"来回答。

根据省力原则，哪一种因素在急收个例的恢复中最凸显我们就标注为哪一种，如某个急收省略的话语能够根据百科知识更容易恢复，我们就将该例归为"百科知识"类，但并不表示没有其他因素参与到恢复过程中。具体类别及其数值列表如下：

表 5-8 急收话语的恢复路径分布

项 目	类 别						
路 径	语言语境	程序意义	程式表达	情境语境	框架知识	百科知识	语义对照	其他
数 量	74	43	40	29	11	9	7	1

上表只是展示本研究语料恢复的路径的具体情况，如果再行归纳，可以初步划分为三个维度：语法、语义和语用路径，具体见下表。

表 5-9 急收话语恢复的路径

维 度	路 径		
语法路径	程式表达		
语义路径	语义对照	认知框架	程序意义
语用路径	百科知识	语言语境	情境语境

这三个大类似乎并不严格对等，如果说涉及具体语境的语言使用都与语用相关的话，那么语法路径、语义路径都可归入语用路径。不过这里的目的是希望更好地归纳和呈现听话人理解急收话语的方法，而不是要介入上述概念的界面区分问题。下文将一一简述。

一 语法路径

我们所谓的"语法路径"就是根据一定的语法知识就可以推知急收的内容，当然，无疑也有语境因素的参与。观察发现，很多急收的前导语部分与省略部分往往可连成程式（formulaic）话语。这里的程式话语比一般意义上的"成语"（idiom）等要宽泛，指某些短语更加倾向于包含一定的词汇，"换成其他的词也可以，但显得不自然（odd）"的惯用搭配（collocation）（Wray，2002：6-7）。可具体表述为"以整体在记忆中储存或检索，不由语法所产生或分析的预制的（prefabricated）连续或非连续的词语或其他成分"（同上：9），可分为固定的（fixed）和半固定（semi-fixed）的结构，比如"you know"属于前者，"it's the kind of N"就属于后者（同上：221）。反映在急收话语上，就是一看就明白，且不太可能理解错的情形，如：

（18）（语境：南后、靳尚与张仪勾结陷害屈原，南后急于想知道靳尚与张仪密谋的结果。）

1 南后：哎呀呀，你又把你自己当成张仪了，真是糟糕！到底张仪对于我所要求的事，他表示了什么意见？

2 靳尚：他表示了很多意见啦，南后，你听我说吧。我对他说："南后问你是不是很快地便要到魏国去？"他说："是呀。"我又说："南后听说你到魏国去，有意思替敝国的国王选些周郑的美女回来，南后是非常感激的。……"

3 南后：我怎么会感激？谁要你这样对他说？

→4 靳尚：唉，南后，你怎得聪明一世……唉，不好说得。

5 南后：你说我"糊涂一时"吧！我没有你糊涂！

（《屈原》第二幕）

例中"聪明一世，糊涂一时"就是程式话语。如上文所言，程式话语就是把内部某些词语换作其他表达意思通顺、但却觉得奇怪的惯用表达，比如"聪明一世，糊涂一天"就是如此。该例是固定程式语，但本研究语料已经排除了《屈原》，因此不算是本研究的语料。本研究语料中更多的是半固定程式语，例如：

（19）（语境：丰德票号面临资金不足、顾客挤兑等严重困难，总经理马洪翰表面平静内心焦虑，一反常态，老早就跑回老家来了。）

1 马洪翰：娘，您想听哪出戏啊？

2 老太太：儿啊，你是在演哪出戏啊？

→3 马洪翰：您这话是……

4 老太太：你有事瞒着我。自打你接了你爹的总经理，二十六年了，每年都是腊月二十三回家，正月初五议事完了就离开家，年年如此，可是这一回，还没有立秋就跑回来了。回家以后，你表面上平静如水，可娘看得出来，你心里在翻江倒海啊！

（《立秋》第一章）

按照我们的母语直觉，话轮 3 的完整话语应该是"您这话是什么意思？"但并不必须是这几个字，若说"您这话是想说什么？"也不奇怪，意思差不多，词汇可稍微不同，类似于半固定的程式话语。从话轮 4 老太太的回应看，上面的急收话语对她没有造成任何障碍，因为这种预制的程式话语可以"节省处理心力"（Wray，2002：25）。

二　语义路径

上一小节是从句法角度概括了急收内容的恢复路径，接下来简述语料中体现的语义路径的具体情况。这里所谓的"语义路径"是指根据语言表达较为稳定的某种意义或倾向进行理解的方式。比如，急收话语内容首先可通过相邻话语的语义对照方式得到恢复，如下例：

（20）（语境：曾经的恋人多年不曾再见。之凡看到后江滨柳在报上登的寻人启事后才到他的病房再次见面，此时都已是迟暮之年。）

1 江滨柳：身体还好？

2 云之凡：还好。

3 云之凡：去年动了一次手术，没什么，年纪大了。前年都做了外婆了。

4 江滨柳：我还记得……你留那两条长辫子。

5 云之凡：结婚第二年就剪了。好久了。

→6 江滨柳：想不到，想不到啊！好大的上海，我们可以在一起，这小小的台北……

7 云之凡：（看表）我该回去了。儿子还在外面等我。（起身走）

（《暗恋桃花源》第五幕）

　　即便读者不知道更多的背景知识，单凭话轮 6 本身就可以推理该急收的省略话语。江说"想不到"，就是想不到大上海都可以在一起，而小台北却不能在一起，可概括为"大……尚且……，小……却……"的语义对照结构。

　　在第二章，我们提到，认知框架是话语显义的充实路径之一（见陈新仁，2015），在本研究的语料中，有不少例子体现了认知框架的作用，如下例：

　　（21）（语境：施小宝的老公随船出海很久没回来，家里没有了经济来源。她自己又不识字，只好请黄帮她念父亲寄来的家信。）

　　1 施小宝：反正是这么回事，黄先生，别念啦，你只告诉我，他要几块？

　　2 黄家楣：……唔，顶少要十五块。还有……

　　3 施小宝：（一下就把信拿回去）哼，又是十五块，他女儿发了财，在做太太！……（要走了）

　　→4 黄家楣：喔，我的那五块，月底……

　　5 施小宝：（做一个媚眼）你——就太认真啦，这算得什么？（笑）世界上像你这样老实的男人就太少啦！（用染着紫红蔻丹的手指轻佻地在他下巴上一触，飘然地走了）

（《上海屋檐下》第一幕）

　　黄找施借过五块钱，"基于过去经验的预期结构"（Tannen，1993：53)，借钱的框架就涉及借方、贷方、借钱、还钱等，因此，话轮 4，黄说他那五块，月底，我们就知道他是在说还钱的时间。施小宝让他别太认真，就是说让他不着急还。这是基于我们对"借钱"这一框架知识可以推理的。再如，前面例（4），林芝说儿子小五"让派出所给——"，提到派出所，我们就激活了关于犯法、抓坏人、关押坏人等框架知识，就明白林芝说儿子让派出所给关起来了。

　　此外，我们还可以基于话语的中的某些关键词表达的程序意义来推理急收省略话语的表意方向，从而帮助我们恢复急收的内容。例如：

（22）（语境：《暗恋》和《桃花源》两个剧团同时在彩排，各自的台词串到一起了，竟然刚好衔接，这里彩排的是关于江滨柳登报寻人的事。）

　　1 春　　花：怎么了，来这里这么久，没看见你高兴过啊。

　　2 护　　士：每次听完这首歌都这样。

　　3 江滨柳：没有办法啊。

　　4 老　　陶：我想家。

　　5 护　　士：你不能老想这件事呀。

　　6 春　　花：这里这么久了，回去干吗呢？

→7 护　　士：你算算看，从你登报到今天，都已经……

　　8 老　　陶：多久了？

　　9 护　　士：五天了！

　　10 春　　花：好久了！

　　11 护　　士：你还在等她，我看不必了耶！

（《暗恋桃花源》第五幕）

对于词汇的程序意义，我们倾向于 Wilson 提出的"概念+程序意义解释"的激进看法，即任何实意词汇都含有语义上不具体的非概念意义（见 Carston，2013：21），词义只是作为说话人意义的指示器或者证据（同上：22）。若如此，结合语境，例中话轮 7，护士说"都已经"在我们看来表示了"多"的概念，如果她说"从你登报到今天，才……"，那么"才"表达的可能是"少"的概念。因此，根据"已经"的程序意义，我们推定，该急收的省略话语应该是"都已经好久了"。后续话轮（8、9、10）为我们的推定提供了证据。

三　语用路径

在某些具体话语交际中，我们常常需要临时调用更多的资源，如激活百科知识以及基于具体的上下文语境或情景来帮助我们理解话语内容。首先说明激活百科知识对理解急收话语的作用，例如：

（23）（语境：白流苏睡着后梦见在上海的四哥已经死了，对方来找她。)

   1 白流苏：四哥，你还有什么心愿未了？

   2 四　爷：（摇摇头）

→3 白流苏：那你……

   4 四　爷：（神色凝重地）我来告诉你一句话。

   5 白流苏：什么话？

   6 四　爷：生与死，没有区别的。

（《倾城之恋》第二幕）

    百科知识并不一定是科学的知识，就如我们对死去的人的看法，认为死去的人会以某种方式再回来或者是托梦给在生的人，是因为有心愿未了，因此，白流苏话轮 1 问四哥还有何心愿，当其摇头表示没什么心愿时，流苏不解地问，"那你为什么来找我?"（话轮 3）对方（话轮 4）说"我来告诉你一句话"就证明他也是这么理解流苏的急收话语的。如果不能激活这样的百科知识，可能就无法理解话轮 3 的急收话语。

    在语言交际中，最重要的因素之一就是语境知识。本研究的语料主要体现了语言语境和情境语境，它们为急收内容的恢复提供了证据。这里的语言语境是指上下文语境，而情境语境指"与语言交际活动直接相关的客观环境"（Malinowski，1923：306）。例如：

    （24）（语境：周朴园质问儿子周萍做了一件对不起自己，对不起父母的事情。）

   1 周朴园：（仁慈地，拿着萍的手）你是我的长子，我不愿意当着人谈这件事。（停，喘一口气严厉地）我听说我在外边的时候，你这两年来在家里很不规矩。

   2 周　萍：（更惊恐）爸，没有的事，没有，没有。

   3 周朴园：一个人敢做一件事就要当一件事。

   4 周　萍：（失色）爸！

   5 周朴园：公司的人说你总是在跳舞窝里鬼混，尤其是这三个月，喝酒，赌钱，整夜地不回家。

→6 周　萍：哦，（喘出一口气）您说的是——

7周朴园：这些事是真的么？（半晌）说实话！

8周　萍：真的，爸爸。（红了脸）

（《雷雨》第一幕）

周萍根据话轮 1、3 以为是自己和继母繁漪的私情被父亲发现了，极度紧张，并极力否定（话轮 2），结果根据话轮 5 周朴园的描述，周萍"喘出一口气"，放下心来，大概是要说"您说的是这个呀。"这是可以根据上文语境推知的。因而周萍一改前面极力否认的态度，立刻承认了父亲所说的事（话轮 8）。当然，话轮 6 也许还有其他解释，比如根本不是急收，就是周萍对父亲的指责的认可，即"您说的是"。但若是这样，周朴园根本不必多此一举在话轮 7 继续问"这些事是真的么？"因此，我们认为话轮 6 是急收话语。

有些时候，话语的理解在语言语境中不一定有证据，而需借助情境语境的帮助，如下例：

(25)（语境：白三爷告知范走私的军火被上海的黑帮截下，须派人去上海处理，并问范的意见。）

1白三爷：范先生，上海的事，是您去活动，还是派徐先生去？

2范柳原：徐先生去了马来亚，还是我去吧。

3白三爷：那事不宜迟，我们马上动身？

4范柳原：嗯。（立起身来，领先往外走，迎面与徐先生遇上，极其惊讶地）徐先生？？？！！！

5徐先生：（神色凝重地走了进来，坐到沙发上）

6范柳原：（感觉到情况不妙）徐先生，马来亚那边出了什么事？

→7徐先生：（犹豫一下，叹口气）我刚从那边回来，亨顿提前动手了，日本人也从背后宰了我们一刀，马来亚的产业……

8白三爷：怎么了？垮了？（发觉自己的话不吉利，连忙捂住嘴）

9徐先生：（缓缓地摇摇头）不垮，不过也差不多了。

（《倾城之恋》第二幕）

即便没有更多上下文语境的帮助，只看情境，我们就可知道该例急收的省略话语。话轮 4 范的"极其惊讶",表明徐在非常不合理的时间出现,徐的"神色凝重"(话轮 5)以及他的犹豫、叹气表明他带来的不会是好消息,我们跟白三爷一样,立刻知道"马来西亚的产业垮了",因为就写在徐的脸上。话轮 9 证实了这一点。

四　急收话语可理解的原因及影响因素

从上文可见,听话人能够对如急收这样的不完整话语基于一定的条件进行恢复。也就是说,一般情况下,急收的使用不会造成听话人的理解困难。这不仅在实践上是如此,在理论上也是可能的。因为人的认知有自动处理信息以及形成完型(gestalt)的认知基础。当我们听到或者读到急收这样的省略话语,我们的认知将自动进行处理,我们甚至无法选择忽略,如 Sperber & Wilson(1995:177)所言:

> 语言刺激信号会自动触发解码过程,就如无法选择以黑色或白色而只能以彩色来看我们周围的物体、无法选择没有听见附近发生的枪响一样,我们无法选择把听到的一句我们熟知的语言的话仅仅当作一串无法分析的声音。我们会自动恢复其语义表征,即便是我们无意中听到且知道并不是对我们说的话,甚至没有意识到我们已经听到了。

> [A] linguistic stimulus triggers an automatic process of decoding. Just as we cannot choose to see the objects around us in black and white rather than in colour, just as we cannot choose not to hear a gun going off nearby, so we cannot choose to hear an utterance in a language we know as merely an unanalysed stream of sounds. We automatically recover its semantic representation, even if we accidentally overhear it and know it was not meant for us, or even if we are not conscious of hearing it at all.

如果关联理论的说法显得有些抽象和笼统的话,完型理论或称格式塔(gestalt)理论有更为具体的呈现模式。针对急收的特殊性,Baruchello(2015:12)认为,急收适用于如下两条完型律,图示如下:

图 1 是封闭律,即图中的这些短线被倾向于认为围成了一个封闭的正方形,而不是一些毫无联系的线条(同上)。对于急收话语,我们倾向于

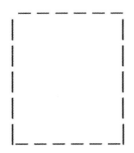

图 5-1　话语理解的封闭律

图 5-2　话语理解的连续律

认为省略部分可以恢复，并与前面的话语一起形成一句完整的、有意义的话语。图 2 表示连续律，意思是，认知倾向于把图中的图形看作两条交叉的线，而不是看作由一些圆点分成的四个区域或者是一块白色区域上有一些离散的黑点（同上）。就急收而言，省略的话语与前面的导语会被看作连贯的、有意义的句子整体而不是离散的单词。因而，无论是理论上还是实践上都表明，急收话语一般说来都是可理解、可恢复的。

　　当然，在实际情形下，急收话语的可理解性也会受到某些因素的影响。比如，我们多次提到，急收的一大特点就是"最后时刻的自我抑制"（Merrill & Bolt，1991：41），这显然与说话人的元语用意识有关。当元语用意识策划越早，根据说话人的意图，某种敏感或消极内容就可能出现得越少或完全以隐含的方式传递，反之，当元语用意识凸显越晚，说话人就可能明说更多的内容，例如：

　　（26）（语境：在宫里当差的执事太监为宫里的事来福聚德酒楼

订烤鸭，与二掌柜卢孟实闲聊。)

　　1 执　事：乡下这两年好吗？

　　2 卢孟实：倒是不愁吃喝，大执事想到乡下玩玩？

　　3 执　事：万一冯玉祥再往宫里扔炸弹，咱们也得找个去处啊？

　　4 卢孟实：您真会说笑话。

　　5 执　事：这可不是笑话，哪天紫禁城不叫住了，我就先奔你这儿，好歹是本行。(呷了口茶) 昨天你们是不是接了个电话，让往西总布胡同送鸭子？

　　6 卢孟实：我们马上就送了，可没找着人。

　　7 执　事：上哪儿找人去，是皇上打着玩的。

→8 王子西：哟，敢情是皇上，我还以为是谁家小—— (忙自己打嘴巴)

　　9 执　事：这两银锞子，算是内务府给你们的赔偿。

　　10 卢孟实：这可不敢当，皇上通过的电话，我们马上摆香案供起来。

　　11 执　事：(悻悻地) 民国了，没那么多说头了，咱们回客。

（《天下第一楼》第二幕）

　　根据语境，王子西在话轮 8 要说的无非是"我还以为是谁家小孩"。这本是一句很平常的话，但在封建社会，对皇上稍有不敬就可能是死罪，尽管已经是民国时期了，但毕竟还有皇上在位，因此王子西突然意识到说错话了，因而"忙自己打嘴巴"。由于元语用意识凸显比较晚，因而说话人说出的话语已经很多了，越多就越易于理解。但如果说话人的元语用意识觉醒很早，那么话语可能更富策略性，可能隐含程度就更高，回顾例 (15)，徐先生的"除非……"就是如此，这是他早就盘算好的话语方式，目的是用于试探对方或者是吸引对方的注意力，理解起来就相对困难。或许可以这么概括，如果说话人的元语用意识觉醒早的话，急收话语的可理解程度就取决于说话人的意图，如果说话人想让对方明白，其话语选择就可能更直接，相反，当说话人的目的是不想听话人听得太明白，那就会选择更隐晦的方式。

　　另外，前面提到"程式话语"对理解急收话语的作用。一般来说，程式话语出现的频率比较高，且形式相对固定（否则就不是程式话语了），"语言接触的频率越高，判断的准确性越强"（吴荣兰、楼捷，2017）。再回到上例，为何我们判断省略话语是"小孩"，就是基于语境、百科知识以及语言使用的频率做出的综合判断。喜欢打电话玩儿的往往是孩子，因此，省略的一定是"小孩"。这也跟信息理论（Information Theory）的一个重要概念"可预测性"（predictability）有关。在信息理论那里，语言单位，无论是词素、单词或话语所负载的信息不仅仅由自身决定，而主要是由其发生的语境决定的（Crocker *et al.*，2016：78）。也就是说，语境使得某些表意具有可预测性。一个词或表达所负载的信息量或称"新奇值"（surprisal value）（Mahowald *et al.*，2013：313）会影响到其出现的形式甚至是否有出现的必要。研究表明，在特定语境中，一个词的意义的可预测性越高，该词就越有可能以较短的形式出现，如 chimp 与 chimpanzee，在一定的语境中，使用者倾向于使用前者。而 "to be or not to be" 中的第二个 be 完全能够被预测，新奇值几乎为零（同上），即便被省略，也不会影响理解。在第一章我们也提到，就急收而言，Carlson（2006：130-131）指出急收是省略"主要信息"。但"主要信息"也是相对的，没有绝对的主要或次要，在具体话语中，越次要的信息可能可预测性也越高。这尤其适用于为了表达的经济的急收话语，例如：

(27)（语境：福聚德的老掌柜唐德源死后，把生意交给了外请的卢孟实，但其大儿子唐茂昌算是大掌柜，但不爱管事，只爱唱戏，每次回福聚德来中只是要钱。某天碰上来福聚德骗鸭子吃的某王爷的潦倒后代克五，聊到了唱戏。）

1 唐茂昌：（来了精神）您看还行吗？

2 克　五：就是那匹骡子装扮得差了点。

3 唐茂昌：（十分重视）噢，您说！

4 克　五：讲究骡子前脸挂苏子，苏子上头穿珠子，跑起来嘀嗒带响，有个说头叫"蹄踏碎玉"。

5 唐茂昌：（佩服地）行家！您往下说。

6 克　五：当年，我爷爷执鞭，谭鑫培跨沿子，一路响鞭响铃，八面来风！

→7 唐茂昌：（羡慕之极）噢!? 这位爷府上是——

8 常　贵：（耳语）……

9 唐茂昌：噢，敢情是克家公子，失敬。

10 克　五：而今可不比当初了。

（《天下第一楼》第二幕）

唐茂昌一提到唱戏就起劲，克五投其所好引起唐的极大兴趣［"来了精神"（话轮1）"十分重视"（话轮3）"佩服地"（话轮5）"羡慕之极"（话轮7）］，直到对克五的身份也产生兴趣（话轮7）。这里且先不管唐急收的动机，仅从理解角度看，该句话语无非问"这位爷府上是姓什么?"不太可能是其他话语，因为这样的程式话语频率很高，省略部分的新奇值很低，已经呼之欲出了。话轮9，唐说原来是克家公子，证明他想问的就是对方的姓氏。

第四节　小结

本章首先从母语直觉以及语篇证据对急收话语的省略内容进行恢复，其次进行了穷尽性分类，从大类上看可分为消极话语、积极话语以及中性话语，并一一进行了例析。从分布特征看，绝大多数急收话语都表达了消极意义。在消极话语中，传递负面消息、要求对方做某事以及发表对听话人的负面评价时，更多地用到急收话语，与其他的次类在分布上有显著差异。最后，我们对听话人如何理解急收话语的省略内容进行了归纳，发现主要依赖语法路径、语义路径以及语用路径进行理解，在不同情形下运用了程式表达、语义对照、认知框架、程序意义、百科知识、语言语境与情境语境等来帮助理解，这也说明了急收话语对听话人的理解没有造成明显障碍。

第六章 急收话语省略的动机及影响因素[①]

在上一章，我们详细分析了急收话语省略的内容，并进行了较为详细的分类，呈现了急收话语内容的分布特征，并从听话人采用何种路径处理急收话语角度证明急收话语一般情况下不会对听话人的理解造成困难。在此基础上，本章拟从说话人的角度考察说话人使用急收的动机，具体说来是说话人使用急收意欲达到何种交际目的，这些交际目的在本研究语料中有何分布特征以及说话人是受到何种语境因素驱动而采用急收这样的表达方式的。最后对本章进行小结。

第一节 说话人使用急收话语的动机

在第五章，我们列表呈现了急收省略内容的大体倾向（表5-1），在那里，我们主要是根据母语直觉结合听话人视角进行阐释的。本章继续沿用该表中的部分内容，但采用不同的视角，即基于说话人话轮进行分析。另外，如果说在第五章，我们对语料中的急收话语现象进行了印象或感性的分类描述，那么本章拟结合相关理论进行更深入地阐释。任何语言手段的选择都是为交际服务，急收话语也不例外。从现有语料中，我们归纳出急收话语的主要功能：隐含传递敏感信息、降格实施消极言语行为以及节省说话人处理心力。

在一一例析之前，需解决一个重要问题：归纳和分析急收话语行使的主要功能与本章关键词"说话人动机"相符吗？我们对急收话语的功能分析不是从孤立的语言形式出发，而是放入交际语境中进行分析，并且，我们主要采用的是说话人视角，体现在操作中就是基于说话人的话轮来进

行分析，这就保证了对急收话语的功能性分析也即是对说话人动机的分析。在此基础上，我们分述所归纳的急收话语的功能如下。

功能一：隐含传递敏感信息

无论在机构话语还是日常交际中，我们常常遇到不得不向对方传递"坏消息"的情况。一般说来，我们有三种选择，一是明确告诉对方；二是撒谎；三是隐含地向对方暗示坏消息。然而，研究发现，在很多情形下，如医生要把严重病情（常常涉及死亡）的诊断结果告诉病人（或家属）时，"所有的明示交际选择都会导致消极后果"（"*all explicit communicative options lead to negative outcomes*[①]"）（Vento *et al.*，2009：444）。不能直说但又不能撒谎，因为撒谎在道德上是不正确的，而如我们已经几次提到，"隐含话语"是传递坏消息的有效手段。所谓隐含话语是指"其意义需要受话人推理而不是由说话人直接言明的话语"（Bavelas *et al.*，1990，转引自 Vento *et al.*，2009：444）。急收话语从功能上看就是一种部分隐含的话语，因为说话人没有完全明确地表达自己的意思，需要听话人进行部分推理。而在相对较为含蓄的中国文化里，急收这样的隐含话语就更有可能被用于传递信息，因为"在优选含蓄或内向的文化语境中……在谈论敏感话题（金钱、情感等）时，与其采用明示的特征，人们更倾向于采用更隐含的特征来传递信息"（何刚，2006）。

不过，就本研究的语料来看，急收话语传递的不仅仅是"坏消息"，即"导致某人对未来急剧产生负面看法的消息"（Rodriguez et al.，2007：154），还包括具有某种程度的敏感和消极消息，我们统称为敏感信息，具体类型见表 5-1，重复如下：负面消息、负面看法、驱使话语、难堪话语、隐私话语、冒犯话语、忌讳话语。

我们没有把"积极话语"和"中性话语"列入，因为"积极""中性"是针对"消极"而言，而不是对"敏感"而言的，我们提到过，急收话语都具有一定程度的敏感性，因此在敏感话语中没有必要保留上述标签。正如在第五章提到，很难用科学的标准来确定什么消息属于敏感消息，只能在一定程度上依赖母语人士的直觉。下面举例说明说话人是出于

---

① 原文即斜体。

何种目的而使用急收话语的。出于篇幅考虑，也许不必就表中所列项目一一详述。对于说话人隐含传递负面消息，见下例：

（1）（语境：何为的母亲刘秀英患有"怪病"，经常无故发作，欧阳平的母亲梅林也患上重病，何为是医生，其他人都向他打听情况。）

1 何　为：（望着刘秀英的背影）刚才挺好，怎么一会儿病又犯了？

2 欧阳平：大为，刘阿姨的病你就不能再想想办法？

3 何　为：不明原因的病是没法治的。

→4 何是非：唉！——欧阳，梅大姐的情况……

→5 何　为：肝硬化、肝腹水都是肯定的了，至于……还有一个化验报告没出来，待会儿我去取。希望没什么问题。（拉起欧阳平的手）

6 欧阳平：（低低地）我懂了。

（《于无声处》第二幕）

何是非是何为的父亲，他对妻子刘秀英的病因也不清楚，在话轮4，一声"唉"叹，既是对前面话语的回应，又是对后面话语的定调。他已经提前得知梅林的情况不好，但又不能明说，就以急收这种显示说话人为难的方式来传递信息。从说话人角度看，不同于传达好消息时"传递者（deliverer）会寻求消息与自己的关联"，而"对于坏消息，传递者会竭力避免担责"（Maynard，1998：360）。因此，不仅是何是非（话轮4），话轮5，何为在传递梅林可能患上癌症的消息时也是避免从自己的嘴里说出，后面说"还有一个化验报告"，就把责任归到了化验报告那里。当然，免责在本例语境中不是首要的，从何为的肢体语言（拉起欧阳平的手）以及他与欧阳平多年的朋友关系可知，他更多的是跟欧阳平一样，不愿意接受梅林患癌的消息。如果我们简单对比一下话轮4、5的另一种形式：

何是非：唉！——欧阳，梅大姐的情况不妙啊！

何　为：肝硬化、肝腹水都是肯定的了，至于是否是癌症，还有一个化验报告没出来，待会儿我去取。希望没什么问题。(拉起欧阳平的手)。

这样的话语表述意思倒是很明确，更易于理解，却完全是就事论事，不仅没有人情味，还显得何为的行为（拉欧阳的手）有些假惺惺。

在表达对受话人或第三方的负面看法的时候，急收也常常为说话人所使用，如下例：

(2) (语境：梅兰芳的师兄吴桂秋与商人朱益明有染，朱在日军侵华后成为汉奸。)

1 吴桂秋：(双眼无神，喃喃自语) 唱大轴，我要唱大轴。

2 梅兰芳：(心如针扎) 师哥，你这是怎么了？

3 福芝芳：朱益明，这到底是怎么回事？

4 朱益明：怎么回事？不给皇军唱戏让打的。

5 福芝芳：这日本人也太狠了。(对吴桂秋) 师哥，别怕，咱们到家了。

6 吴桂秋：唱大轴，我要唱大轴。

→7 梅兰芳：朱益明，我师哥和你……和你也算是有交情的，你怎么能……

8 朱益明：这能怪我吗？皇军本来是要找你去唱戏，可是你不愿意啊，他们就让桂秋去了。没想到桂秋也是个死脑子，他说只要给日本人唱了戏，以后就没脸给中国人唱戏了。

9 梅兰芳：然后呢？

10 朱益明：太君可不管这个，不唱也得唱，要不然就打。没办法，我只好让他去。

11 梅兰芳：这么说，是你送我师哥到日本人那儿去的？

12 朱益明：把他交出去，你以为我好受。那也是没办法，梅兰芳，我是忍痛割爱啊。

(《梅兰芳》第四场)

剧中的梅兰芳与朱益明曾经是朋友，吴桂秋因嫉妒梅兰芳压过自己而选择与朱益明发展成不正当关系并仰仗朱的支持另立山头。梅兰芳没想到再见到师兄时，对方已经成了傻子。话轮7，梅兰芳无法说出吴桂秋和朱的那层关系，只能降格称"有交情""怎么能如此对他"，暗含指责。梅也许不是怕冒犯朱而不敢明白指责，而是因为吴和朱令人尴尬的同性关系，只能点到为止。

有时候说话人用急收传递难堪话语信息是出于维护自身或他人的面子需求，看下例：

（3）（语境：黄家楣与妻子桂芬说起希望让刚从乡下来的父亲多在上海享受一下乡下没有的生活，但自己又有病没工作，家里靠典当、借钱勉强度日。）

1 黄家楣：（沉默了一下，透了口气，放低声音）爸爸好容易到了上海，要他整天地在亭子间里管小孩，这不是太可怜吗！

2 桂　芬：我知道，可是——

3 黄家楣：小孩儿不是还有个锁片吗？（将视线避开桂芬）

4 桂　芬：（耸一耸眉毛）上次给你的三块几毛钱，不就是这金锁片换的吗？

→5 黄家楣：唔！（黯然）咪咪很可怜，这一点东西也……

6 桂　芬：（望了他一眼，不语）

→7 黄家楣：那么，你——（不讲下去）

8 桂　芬：什么？（望着他）

［黄家楣俯首不语。］

（《上海屋檐下》第一幕）

黄的父亲从乡下来上海，儿子儿媳每天酒肉招待，晚上还去看大戏，黄父很是高兴。然而，背后是借钱和典当勉强维持，私底下夫妻两人很是忧虑。话轮5，黄家楣黯然神伤，感叹自己的孩子连一个金锁片也被拿去典当了。然而，作为孩子的父亲，这不是让自己很难堪么？话轮7，黄家楣将目光转向妻子，桂芬的一句"什么？"（话轮8），看似不解，实则暗含着无奈和指责，因为黄是想知道妻子还有什么值钱的东西。作为一个男人，因病无力挣钱养家，还要在父亲面前勉强维持着富裕的假象，可以想象内心的煎熬，体现在话语上就是如话轮5、7的吞吞吐吐、欲言又止，说出来只会使自己更加难堪。因而使用急收话语，一定程度上也是维护自身的面子。

　　急收还是隐私话语传递的常用手段，有时候带有保护隐私和透露消息的复杂心态，如下例：

　　(4)（语境：鲁侍萍的儿子鲁大海在周朴园的工地上做工，只有鲁侍萍和周朴园知道周萍是他与侍萍的儿子，已与侍萍分别多年。）

　　1鲁大海：（对仆人）你们这些混账东西，放开我。我要说，你故意淹死了二千二百个小工，每一个小工的性命你扣三百块钱！姓周的，你发的是绝子绝孙的昧心财！你现在还——

　　2周　萍：（忍不住气，走到大海面前，重重地大他两个嘴巴。）你这种混账东西！（大海立刻要还手，倒是被周宅的仆人们拉住。）打他。

　　3鲁大海：（向萍高声）你，你（正要骂，仆人一起打大海。大海头流血。鲁妈哭喊着护大海。）

　　4周朴园：（厉声）不要打人！（仆人们停止打大海，仍拉着大海的手。）

　　5鲁大海：放开我，你们这一群强盗！

　　6周　萍：（向仆人）把他拉下去。

　→7鲁侍萍：（大哭起来）哦，这真是一群强盗！（走至萍前，抽咽）你是萍，——凭，——凭什么打我的儿子？

　　8周　萍：你是谁？

　→9鲁侍萍：我是你的——你打的这个人的妈。

　　10鲁大海：妈，别理这东西，您小心吃了他们的亏。

　　11鲁侍萍：（呆呆地看着萍的脸，忽而又大哭起来）大海，走吧，我们走吧。（抱着大海受伤的头哭。）

（《雷雨》第二幕）

　　我们在第四章第二节指出，该例的特点体现在话轮7、9上就是受话人不明白急收内容，读者却已非常了然。不过，这里我们主要采用说话人视角，看其利用急收传递信息的动机。在更早的语境里，周朴园已经暗示鲁侍萍不要与周萍相认，鲁虽然嘴里答应，但见到自己的亲骨肉时如何能够心如止水？因此，本例中，侍萍对于儿子大海被打自然是很愤怒的，但见到周萍后，侍萍的关注点立刻发生变化，只想说"你是萍儿"（话轮7），但想起与周朴园的约定以及不想给周萍带来更多苦恼，她利用"萍"的谐音字"凭"临时改口，化解了这次危机。然而，作为周家大少爷的周萍看到一个老妈子走到自己跟前并质问自己，自然觉得突然，便问对方是谁（话轮8），侍萍的自然反应当然是想告诉他"我是你的妈"（话轮9），然而，出于同样的保护隐私的原因，她再次选择了急收，但信息还是部分地、隐含地得到传递。除了读者，知情人周朴园肯定也对侍萍的话语听得真切。

对于涉及死亡、性、文化禁忌等话题时，人们常常使用委婉语来避免或替代，急收也常常被说话人（有意识或无意识）用于传递忌讳话语，如下例：

（5）（语境：大海找不见妹妹四凤，跑到周公馆找大少爷周萍要人。）

1 大　海：（命令地）那么请你把我的妹妹叫出来吧。

2 周　萍：（奇怪）什么？

3 大　海：四凤啊——她自然在你这儿。

4 周　萍：没有，没有。我以为她在你们家里呢。

5 大　海：（疑惑地）那奇怪，我同我妈在雨里找了她两个多钟头，不见她。我想自然在这儿。

6 周　萍：（担心）她在雨里走了两个钟头，她——没有到旁的地方去么？

7 大　海：（肯定地）半夜里她会到哪儿去？

→8 周　萍：（突然恐惧）啊，她不会——（坐下呆望）

→9 大　海：（明白）你以为——不，她不会，（轻蔑地）不，想她没有这个胆量。

10 周　萍：（颤抖地）不，她会的，你不知道她。她爱脸，她性子强，她——不过她应当先见我，她（仿佛已经看见她溺在河里）不该这样冒失。

（《雷雨》第四幕）

四凤半夜不在家，也不在周公馆，加上周萍傍晚跑到四凤家非要见她，遇到大海并打起来，他们对四凤的担心是有根据的。话轮8，周萍想说"她不会寻短见吧？"但如果能够如此淡然地说出来，说明他们的关系也只不过如此淡然。周萍的动作（坐下呆望）与急收话语是协调的。话轮9，大海立刻明白周萍的话，作为四凤的哥哥，他自然也绝对不愿意相信妹妹会寻短见，不愿意将妹妹与死亡联系起来，也使用了急收。我们可再直观比较一下这两个话轮的急收、委婉和直接表达：

周萍：啊，她不会——/她不会寻短见吧？/她不会去寻死吧？
大海：你以为——/你以为她会去寻短见？/你以为她会去寻死？

上面的比较让我们能够更好地理解说话人使用急收隐含传递禁忌话语的动机。在当前语境下，孰优孰劣，一目了然。从上面诸例可见，我们所谓的"隐含传递"体现在急收话语上表现为说话人主观上一方面对急收话语内容的拒绝接受，如例（5）"她不会［寻短见］"，或否定，如例（4）"你是萍，凭什么"；另一方面，这种语言的选择又客观上隐含传递了说话人意图，否则我们无法获知说话人到底想说什么。当然，这种选择对应了说话人复杂的心理、情感、认知等因素，看似矛盾，其实并不矛盾。这或许也是急收话语的特征之一。

功能二：降格实施言语行为

上一节我们主要聚焦说话人使用急收来隐含传递负面消息的目的，本节要讨论的是说话人使用急收来实施某种言语行为的动机。由于使用了新的分类视角，我们根据毛延生（2013：82）（见表3-1）的言语行为判断标准对本书语料进行了一一标注。结合急收语料的特征，我们在某些言语行为前加上了"负面""积极""中性"等标签，其标准是根据急收省略话语的内容来看的。与上一节一样，我们以为，讨论急收话语行使的言语行为也就一并讨论了说话人的动机，而不是就事论事地对急收话语的言语行为进行分类。理据在于，言语行为理论的新发展认为，实施一个言语行为的同时也表达了说话人的态度、动机等。如 Morgan（2016）的"杂合言语行为"（Hybrid Speech Acts）理论认为：

> 我们使用规范语言词汇，如"好""恶毒""漂亮"或"荒谬"等时，我们到底是在做什么？一方面，看起来我们确实是在相互表达信念，另一方面，我们似乎也是在表达如赞美、谴责、敬畏或关注等态度。
>
> When we use normative language – terms like 'good', 'vicious', 'beautiful', or 'irrational' – what exactly are we up to? On the one hand, it certainly feels as though we are trying to express our beliefs to one another. On the other hand, it also feels as though we are trying to express other attitudes – attitudes like praise, condemnation, awe, or concern. (Morgan, 2016: 785)

因此，我们根据急收所行使的言语行为来反溯说话人的动机是有理论上的可行性的。上文提到，急收话语是一种隐含话语。而"隐含话语是一种熟知的语言工具，说话人在日常会话中用之以软化请求、命令和批评的影响"（Vento *et al.*, 2009: 444）。说话人使用急收来行事也有类似需求。根据我们对本研究的语料标注结果，从大类上看，急收话语主要用于实施消极言语行为，也偶尔用于实施积极言语行为。为方便起见，分表呈现。急收话语消极的言语行为列表如下：

表 6-1　　　　　　　　　急收降格实施的消极言语行为分类表

大　类	次　类		
断言类	表述		
指令类	请求	建议	
表情类	指责	评价	
承诺类	拒绝	威胁	允诺

尤其需注意的是，正如我们在第三章提到，一句话可实施多个言语行

为（Labov & Fabsbel，1977），上表中的言语行为分类是我们基于多个话轮的判断，一个急收话语只标注最凸显的言语行为，不重复标注。下面从说话人使用急收实施断言行为的动机开始简述。

说话人使用急收话语进行断言主要体现为负面表述。这里的"表述"包含了前面所提到的"负面消息""负面看法""忌讳话语"等。不过，根据黎锦熙先生"例不十，法不立"（引自唐珏明，1995）的论证原则，更何况我们这里所强调的是说话人为何要通过急收的方式"降格"实施此类行为，仍然有必要举例简述。在此之前，必须对已经在本研究中几次出现的关键词"降格"进行解释，以明确本研究是在何种意义上使用这一术语的。我们是受 Caffi（2007）的启发使用该词的：

> "缓和"指所谓的"降格语"的调节功能。降格语与升格语的强化功能相对应。
>
> [T] he term 'mitigation' refers to the attenuating function of so-called 'downgraders', as opposed to the reinforcing function of 'upgraders'（Caffi，2007：52）.

也就是说，本研究用作动词的"降格"（downgrade）是来自名词"降格语"，指的是与强化或加强相反的缓和或弱化，与上文 Vento *et al.* （2009：444）所谓的"软化"（softening）相似。因而，急收话语"降格实施言语行为"的意思就是急收话语实施的言语行为与不急收的话语实施的言语行为类型一样，或者说，本研究就是根据急收恢复后的话语来判断言语行为类型的，而急收后的话语的力度有所减弱。后文还会有详细阐述，这里不赘述。

下文从断言类行为开始举例说明急收话语降格实施的言语行为。

（6）（语境：欧阳平因传播"反革命"诗集被通缉，此时，房屋已经被包围，临走前想知道母亲的病情到底如何。）

　　1 欧阳平：大为！——妈妈的病怎么样？

→2 何　为：梅伯母她……

　　3 何　芸：哥哥，怎么样？

4 欧阳平：快告诉我，我的时间不多了。

5 何　为：没什么，你放心吧，就是有点肝硬化，也不厉害。

6 欧阳平：大为，着劲你还没学会撒谎骗人。

7 何　芸：哥哥，到底怎么样？

8 何　为：（突然发火了）到底怎么样，到底怎么样，（走到欧阳平面前，沉痛地）梅伯母是……晚期肝癌！

（《于无声处》第四幕）

由话轮 8 我们知道话轮 2 的内容是"梅伯母她是晚期肝癌"。这是典型的负面表述的断言行为。但在实施这一断言行为时，说话人通过急收表现得欲言又止，即便没有话轮 8 的明示，我们也可推知话轮 2 传递的一定是坏消息。说话人通过降格实施消极断言行为，充分表达了自己不愿意明说、不愿相信和面对梅林的病情以及同情欧阳平的情感和态度。

当有需要请求别人做某事时，难免会使用到指令言语行为。直接的指令行为会给听话人以强迫感，会威胁到对方的消极面子。一般说来，当社会权势较低或胁迫程度较高时，我们倾向于使用间接言语行为。说话人使用急收也能间接地行使请求行为，如下例：

（7）（语境：昌仁与瑶琴被父母在十多年前指婚。昌仁出国留学，并带回了女朋友，而瑶琴却被关在秀楼上苦等昌仁回来接她下楼。昌仁刚从国外回来到瑶琴家，这边已经把婚礼现场都布置好了。）

1 春　兰：（牵着瑶琴）往这边走，昌仁少爷在这边呢！

[瑶琴走到昌仁跟前。]

2 春　兰：好，不许动，让昌仁少爷给你揭盖头！

→3 秋　菊：等等，按规矩，姑娘过门，要先考考新姑爷，老太太，您看……

4 老太太：好，我来考。这两头狮子并立，是什么意思啊？

5 许昌仁：（尴尬地）这……

6 瑶　琴：狮与事同音，两个狮子并立着，就是"好事成双"啊！

　　7 老太太：（高兴）那这老狮子带小狮子呢？

　　8 许昌仁：姑奶奶！

　　9 春兰秋菊：昌仁少爷，快说啊！

（《立秋》第四章）

　　春兰和秋菊是马家的下人，老太太是主人，地位和权势自然在秋菊之上。虽然在除了许昌仁之外的人看来当天是大喜的日子，在喜庆气氛中，即便是主仆间关系也会比平日轻松。秋菊的话语大约是"老太太，您看是不是由您来考考他？"其实就是要求老太太做这件事。但由于距离和权势，下人秋菊不敢直接指示，使用了急收而不是强迫程度更高的直接话语，目的是"软化"言外之力，留给老太太足够的自由选择。否则，如果冒犯了主人，可能带来不良后果。同是请求行为，还有稍有不同的情形，比如：

　　（8）（语境：卢孟实做了全聚德的二掌柜后，一心提振生意，借钱扩充了门面，资金一时周转不畅，债主都约好一起登门讨债。）

　　[钱师爷带着要账的人上。每人手里都拿着要账的蓝布札子。]

　　1 钱师爷：二掌柜，二掌柜，我们又来了。

　→2 卢孟实：您准时，这几位……

　　3 钱师爷：这位是六必居的，那位泰丰楼的，全恒钱庄的……

　　4 卢孟实：（不等听完）原来都是贵客！成顺，沏几碗好的来。

　　5 钱师爷：二掌柜，咱们今天不兜圈子，痛痛快快怎么样？

　　6 卢孟实：您说怎么办吧？

（《天下第一楼》第二幕）

　　卢孟实不认识跟着债主钱师爷一起的几个人，出于礼节，自然是要相问的。但有趣的是，卢并不是向陌生人一一请教姓名，而是问钱师爷"这几位……"（话轮2），请求他提供信息，因为他知道是钱把他们邀在一起共同来讨债的。结合话轮4，根据卢的表现（不等听完）可以推测，卢在话轮2使用的急收既是出于礼节的询问，又暗含指责之义。因此，急收的内容既可以是"这几位是谁？"又暗含质问"这几位是来干什么的？"

话轮 3 钱师爷的介绍的并不是人名，而是机构（六必居的，泰丰楼的，全恒钱庄的），显示了他意欲联合施压的意图。话轮 6 卢的用词是"您"而不是"您们"或"各位"，说明他知道重点是谁，也可以印证话轮 2 的急收是暗含指责的请求行为。

此外，急收还可用于表达建议行为。"建议言语行为是一种面子威胁行为"（申智奇、刘文洁，2012），原因是"当说话人实施建议言语行为时，听话者的自主权受到干涉，个人自由也受到限制，因此建议言语行为使得听话者的'消极面子'受到损害"（同上），这还是基于"为了达到帮助来访者摆脱困扰的目的"（同上）也即利他的建议行为得出的结论。如果是"利己"的建议行为，说话人会采用何种语用策略？且看下例：

（9）（语境：本是在一起商量决定让白流苏回到离开好几年的婆家去给她丈夫奔丧，后来话题转到讨论把谁嫁给经人介绍给白家认识的离异商人范柳原。）

1 三　爷：老四，给六妹婆家回个帖子，说这边马上就动身。

2 四　爷：（不言不语地，自顾自地摩挲着胡琴）

3 三奶奶：四弟，等会儿你也劝劝流苏，让她想开点。

4 三　爷：四弟妹，走啊！（转身欲下）

5 四　爷：（抬起头来看看四奶奶，垂下头下抚琴）

→6 四奶奶：要我们家老四出力也不是不可以，除非……

7 三　爷：除非？除非什么？

8 四奶奶：你们真的想把七丫头许给那个范先生？

9 三　爷：你的意思是？

10 四奶奶：那范先生的家世挺好吧？

11 三奶奶：听徐太太说，他父亲是个华侨，一次出洋考察遇上了一个交际花，俩人秘密结了婚，后来就生了这位范先生。

12 四奶奶：啊？他是庶出的？那他爸的钱他不是一分没捞到？

13 三　爷：那倒不是，范先生用了些手段，把继承权抢到了，他现在在南洋有不少产业的。

14 四奶奶：这么好的条件，我们七丫头可是庶出的，配得上人家吗？

15 三　爷：别人家的事，少操份心吧。

16 三奶奶：四弟妹的意思是？

→17 四奶奶：咳！我明说了吧，就我们七丫头那股傻劲儿，还指望拿得住他？倒是我那个大女孩儿机灵些，不如……

18 三　爷：你是说金蝉？她……

19 四奶奶：金蝉这孩子仿我，人小志不小，真识大体。

20 三奶奶：她比那位范先生小二十岁吧？

21 四奶奶：三嫂，你别那么糊涂！你护着七丫头，她是白家什么人？隔了一层娘肚皮，就差远了。嫁了过去，谁都别想在她身上得半点好处！我这都是为了大家好。

（《倾城之恋》第一幕）

话轮6，四奶奶开始转移话题，她既然用了急收就暗含后面的内容有不便说的可能。话轮8、10、12、14可以清楚地看出，四奶奶认为白家的七妹配不上范柳原，当然，前提是范要有钱（话轮12），逐步为她的下一次建议行为铺垫。话轮17，更直接地提出建议"倒是我那个大女孩儿"。不过终究是唐突的，因为七丫头好歹到了婚嫁年龄，且是她家大女孩儿的长辈，论理也应先考虑七丫头，因此她又一次选择了急收。其目的是试探其他人，保留自己话语的"可否定潜势"。当被质疑她女儿比范小二十岁时（话轮20），四奶奶发现别人看出她的建议是利己行为，所以强调"都是为了大家好"（话轮21），不过是欲盖弥彰。由例中两次建议行为的实施过程可见，说话人在行使利己建议行为时进行了多话轮铺垫（话轮6、8、14），且用了急收来降格、隐含地实施。

对于表情类言语行为，说话人使用急收更多的是间接地表达指责行为。例如：

（10）（语境：梅兰芳到茶馆去找师兄吴桂秋，想把他带回戏班，结果正碰上吴桂秋与朱益明做出不雅行为。）

1梅兰芳：师哥，你怎么能这样？

2吴桂秋：（轻蔑一笑）哟，梅老板来了。我怎么样了？

3 梅兰芳：师哥，别人可以瞧不起咱们男旦，但咱们自己不能瞧不起自己啊！

4 吴桂秋：你以为你自己是角儿就了不起吗？我告诉你，梅兰芳！你就是唱出血来，也还是个下九流！

5 梅兰芳：（生气地抓住）师哥，回戏班吧，你不能这样自个儿作践自个儿！

6 吴桂秋：作践自个儿？我清楚自个儿是什么东西，也清楚自个儿该干什么！

→7 梅兰芳：既然知道自己该干什么，那你刚才……

8 吴桂秋：刚才？刚才我怎么了？你是说我和朱益明关系不正常？对！（一把拉过朱益明搂住）我和益明就是有关系，就是不正常。

9 梅兰芳：师哥，你……

10 吴桂秋：我吴桂秋有什么说什么，从不藏着掖着。不像你梅兰芳，表面一套，背地一套。你以为你和齐如山那点破事，我们大家伙儿都不知道？

（《梅兰芳》第四场）

话轮 7，梅兰芳的指责意图很明显，他是不希望看到自己的师兄如此糟蹋自己，但又不便当面说穿他们刚才的行为，一方面对方是自己的师哥，另一方面，自己都觉得说不出口，因此选择了急收，不过意思很清楚，就是"那你刚才还做出那种事来！"

虽然在表情类言语行为的次类里并无"负面评价"一项（参见毛延生，2013：82），但我们把它看作一种言语行为，因为负面表述与负面评价不一样：前者侧重表述某种事实，而后者侧重某种事实发表自己的看法，带有说话人的情感和态度。由于这里的"负面评价"与第五章的"负面看法"基本一致，只是那里"负面看法"在本章中被更细致地分解为"指责"和"负面评价"两类言语行为，本无须再举例说明，但为了显示与指责的区别（或者是负面评价作为一个次类存在的必要性说明），仍举一例简述：

(11)（语境：匡复服刑十年，出狱后立刻前往朋友家寻找当时的恋人，当再次相见时，女友杨彩玉已成为自己好友的妻子。匡复虽然没有明确责怪，也不禁感叹各自的变化。）

1 匡　复：唔，生活，为了生活！（点头，颓然地坐下。一刻，又像讥讽，又像在透露他蕴积了许久的感慨）短短的十年，使我们全变啦。十年之前，为着恋爱而抛弃了家庭，十年之前，为着恋爱而不怕危险地嫁了我这样一个穷光蛋；可是，十年之后……大胆的恋爱至上主义者，变成了小心的家庭主妇了！

　　〔杨彩玉无言，揩了一下眼泪，望着他。〕

2 匡　复：彩玉！怕谁也想不到吧，你能这样的……（不讲下去）

3 杨彩玉（低声）：你，还在恨我吗？

4 匡　复：不，我谁也不恨！

（《上海屋檐下》第二幕）

如果单从话轮 2 看，匡复的话暗含着讥讽，意思是谁也想不到"你能这样地向生活低头"或者"这样地委屈自己"。如果没有急收，几乎可以断言，匡复是带着讥讽和愤怒的。但正如我们在第三章提到，类似急收这样的暗示性话语具有"可否定潜势"（Weizman，1989：71），因为说话人毕竟没有完全明示。但"尤其值得强调的是，隐含并不意味着不足为信（untruthful）"（Vento *et al.*，2009：444），只不过是表达了说话人对隐含话语的某种不确定性或意欲收回的态度。如 Shears（2008：185）所述：

　　断开的地方会形成对承载或暗示了额外信息的说话人的姿态、身势和表情的强调。即便读者无法看到表演，但急收仍然在次级的层面上起作用，因为我们可以想象角色的身形、面部表情以及声音。

Breaking off places greater emphasis on posture, gesture and expression to bear and intimate extra information. As a reader unable to see a performance, however, the aposiopesis still functions on a secondary level because we are able to imagine the character's figure, facial expression and voice.

本例中，匡复讲到一半就不讲下去，一方面是怕杨彩玉误解为奚落或指责；另一方面，他可能意识到，错本不在杨彩玉。我们甚至可以想象他的表情与声音，并由此推定他是通过急收隐含地或降格地实施了带有负面色彩的评价行为，目的一方面是不想对方理解为指责，实际上彩玉已经这么认为了（见话轮3）；另一方面是不想再伤害本来就在各种复杂情愫中煎熬的彩玉。

语料显示，说话人还常用到急收来实施承诺行为，可分为拒绝行为和威胁行为两种，分别举例说明如下：

（12）（语境：刽子手康大砍了革命党的头，拿了人血馒头到咸亨酒店给老栓，要求老栓患病的儿子趁热吃。）

1 老　栓：谢谢你呀，康大叔。

2 灰五婶：这是什么呀！

3 康　大：人血馒头！

4 灰五婶：啊！人血馒头？

5 康　大：专治痨病的！快去拿到灶膛里烤焦！带热吃了，大补，是什么痨病都包好，算你的儿子命大，碰上了这个巧档子！

6 老　栓：多亏了您，我的小栓得救了！（拿着馒头走向灶间）

［灰五婶连忙追上阻拦老栓。］

→7 灰五婶：老栓哥！慢着，我那灶膛可不能……

8 老　栓：五婶，您修修好吧，这是孩子的一条命啊！（与灰五婶争执着走下）

（《咸亨酒店》第二幕）

本例是说话人用急收表达拒绝行为。得知老栓要到灶膛里烤人血馒头，做生意的灰五婶当然会反对，行为上她是"连忙追上阻拦老栓"，话语上本是要说"我那灶膛可不能烤人血馒头！"却没有完全说明（话轮7）。她的目的是避讳，也许是怕其他客人听到后觉得烤了人血馒头的灶膛晦气，以后不来消费了。所以，灰五婶的话不是说"你不能在我这里烤", 从而影响个人间的人际关系, 而是说"我那灶膛可不能"表达一种客观的、非个人关系的拒绝, 因而也表达了维护人际关系的需求。

此外, 急收话语还可以用于暗示威胁, 如下例:

(13)(语境: 周公馆少爷周冲也喜欢四凤, 并到四凤家找她, 被四凤哥哥鲁大海回家遇到。)

1 大　海: 所以如果矿主的少爷真替四凤着想, 那我就请少爷从今以后不要同她往来。

2 周　冲: 我认为你的偏见太多, 你不能说我的父亲是个矿主, 你就要——

3 大　海: 现在我警告你(瞪起眼睛来)……

4 周　冲: 警告?

→5 大　海: 如果什么时候我再看见你跑到我家里, 再同我的妹妹在一起, 我一定——(笑, 忽然态度和善些下去)好, 我盼望没有这事情发生。少爷, 时候不早了, 我们要睡觉了。

6 周　冲: 你, 你那样说话, ——是我想不到的, 我没想到我的父亲的话是对的。

7 大　海: (阴沉地)哼, (爆发)你的父亲是个老混蛋。

(《雷雨》第三幕)

大海作为兄长, 害怕妹妹被富家子弟欺负是可以理解的。话轮5, 大海无非是要说"再同我的妹妹在一起, 我一定对你不客气"之类的话。但考虑到周冲本身并不像他父亲周朴园一样坏, 而且也并未对四凤怎样, 因此, 大海缓和了一下威胁话语, 不仅没有说完, 而且伴以和善的表情(笑), 目的是不想让自己的言语过于粗鲁, 也给周冲留下些面子。

除了实施上述消极言语行为外, 语料显示, 说话人还偶尔使用急收来行使积极言语行为(详见下表)。按前文提到的文献, 传递好消息时, 说话人的话语通常更为直接(Maynard, 1998: 360), 然而为何在行使积极言语行为时说话人还要使用急收? 且举两例分析。

表 6-2　　　　　**急收话语降格实施的积极言语行为分类表**

大　类	次　类	频　数
表情类	积极表述	5
	赞美	1
	感谢	1
承诺类	积极承诺	3
指令类	请求	2
断言类	积极评价	1

（14）（语境：虎妞的父亲刘四爷快过生日了，后天才是正日子，但已迫不及待，催祥子去请隔壁账房冯二爷，后者刚好赶来。）

1 冯二爷：四爷，我这不是来了吗，四爷的事真能等请？我不是答应给您去弄一堂好腊火千①吗？你瞧，大冷天跑的我这一头的汗。

2 刘四爷：（挖苦地）祥子，给冯二爷沏茶。

3 冯二爷：得啦，四爷。（一边打开提进来的竹篮子。一件件地往外端）四爷，您上眼，景泰蓝，够年份，当初不是一品当朝的人家谁能摆得起这个？你看够多"谱儿"！（一件件摆在八仙桌上。）

4 刘四爷：（端详）还不离儿。

→5 冯二爷：那是，姓冯的办事……四爷，可不贵呀。

6 刘四爷：（一愣）多少钱？

7 冯二爷：全堂，一块二！

8 刘四爷：便宜，鬼市上也买不来，值！

9 冯二爷：四爷，是租钱。

10 刘四爷：租钱一块二？（翻了脸）冯二，你可别拿我当冤大头，当初我给人家包办红白事的时候还没你呢。凭这玩意，租钱一块二？我租不起，您给我拿回。

（《骆驼祥子》第四幕）

我们把该例归为表情类的积极表述言语行为。冯二爷弄了不少摆件过来，刘四爷很满意（话轮 4），话轮 5，冯二爷是自我表扬，无非是"姓

---

① 原文"火"与"千"是一个字，这里无法打出来，只好分开写。

冯的办事您放心"之类的话。不过，他并没有说完，而是紧接着说"四爷，可不贵呀"。一方面，说话人自知他办事是为了钱，并不真的可以让人放心，因此不便把话说太满；另一方面，也许他不想说其他闲话，而是直奔主题，把话题引向价格，这让刘四爷颇感意外（一愣）（话轮6）。与事实不太相符的自我表扬让说话人自己都有些心虚。再看一例：

（15）（语境：导演穆天培对阮玲玉有知遇之恩，在她未成名前对她多有帮助。）

1 穆天培：（喊）阮小姐，阮小姐，快看大海！（涛声阵阵，波光闪闪，此处正是探身于海的崖头。）

（阮玲玉上，她容光焕发，衣着尚朴素，但已是明星打扮。）

→2 阮玲玉：穆先生，你又忘了，应该叫我——

3 慕天培：阿阮！

4 阮玲玉：（答应）哎！

（《阮玲玉》第八场）

一般说来，在中国的传统文化中，女性通常倾向于与男性保持距离，如果女性主动与男性建立更亲密的关系对于男性来说是受惠的。例中的阮玲玉是素有正面形象的大明星，她主动要求穆天培叫他"阿阮"而不是"阮小姐"在我们看来就是拉近彼此间的距离，因此是积极或者让对方受惠的请求。本例的急收一方面是说话人作为女性，不便过于明示，另一方面，也避免过于强势（比如直接命令对方"应该叫我阿阮！"）。

从上面两例的分析看，说话人用急收表达积极内容的言语行为时夹杂着内容真实性疑问［例（9）］或说话人语气的软化［例（10）］，都是因为某些令其犹豫的因素而降格实施言语行为。

所谓的"中性"言语行为的主要目的也许不全是降格施行对应的言语行为，而是出于其他考虑，正是下面要论述的内容。

功能三：节省说话人处理心力

我们知道，从不同的角度看同一事物可能得到不同的结果。上节我们从言语行为角度分析了说话人使用急收的动机，本节拟从省力的角度进行分析。选择省力角度不是因为偶然想到，而是通过观察语料，发现有不少急收话语体现出说话人省力的倾向。当然，说话人的省力动机与隐含传递敏感信息或降格实施言语行为并不冲突，甚至经常渗透在一起，只不过我们在分析时为了方便起见屏蔽一面而凸显另一面而已。

在上一章，我们提到，一个词或表达的"新奇值"（Mahowald *et al.*，2013：313）会影响其出现的形式甚至是否有出现的必要。"新奇值"与"信息值"内涵大体一致。我们在第一章提到，Carlson（2006：130 - 131）指出一般性省略是省略了"低信息值"部分，而急收是省略"主要信息"部分。如果单从急收看，其省略部分的信息值必然也有高低之分，可以推定，仅仅从信息值（而不是其他因素，如冒犯、敏感等）看信息值越低的话语越有被省略的可能，如果说话人意识到这一点，其省略选择的动机就（部分地）是为了省力。省力还要区分说话人省力和听话人省力，对说话人省力往往造成听话人的费力。虽然在实践中，至少在本研究的语料中，说话人选择省力的前提往往是建立在听话人能理解的基础上，但对于听话人来说，理解隐含话语必然比理解明示话语要耗费更多的心力。下面结合实例，就所谓的说话人省力进行说明：

（16）（语境：潘阔亭对寡妇单四嫂垂涎已久，之前因为单四嫂一心放在照顾孩子上插不下手，如今她的孩子被潘等合谋害死，潘觉得时机已到，托灰五婶帮忙。）

1 灰五婶：那小寡妇命可硬，专妨男人，你不怕？

2 潘阔亭：你信那个，再说我是福星高照，不怕！

5 灰五婶：动她脑筋的人可多着呢！

6 潘阔亭：还有谁？

7 灰五婶：红鼻子老拱、蓝皮阿五……

8 潘阔亭：他们哪，那是癞蛤蟆想吃天鹅肉！

9 灰五婶：你看见木生没有？

→10 潘阔亭：他也……

11 灰五婶：你看不出，木生赶前串后的，三十多岁的光棍汉，身强力壮，挺般配，我看小寡妇好像还挺合心思呢！

（《咸亨酒店》第三幕）

从话轮 8（癞蛤蟆想吃天鹅肉）潘阔亭对打单四嫂主意的人的嗤之以鼻可想见，对于同样是底层小人物的木生他自然也是不放在眼里的，话轮 10 无非是说"他也想吃天鹅肉？"或者"他也想打她的主意？"之类的话。说话人居高临下的姿态，除了传递鄙夷和不屑外，用省力的话语方式似乎是想得到听话人更快的回应，也许话轮 11，灰五婶的信息对于潘阔亭来说是他更感兴趣的。又如：

　　（17）（语境：许昌仁与瑶琴被双方父母指婚，瑶琴在绣楼上等了六年，许昌仁留学一回来，马家就办起了他们的婚事，而许在留学期间已经有女朋友了。）
　　[文菲寻找昌仁上。]
　　1 文　菲：昌仁，昌仁……（她忽然看见昌仁面前站着一位新娘子，惊讶地）这么热闹，是谁在结婚？她是谁？（走上前去）好漂亮的新娘子啊！
　　2 老太太：（笑得合不拢嘴）文菲姑娘，这就是绣楼上弹得一手好琴的瑶琴，我的亲孙女！
　　→3 文　菲：（一惊）啊，瑶琴小姐下楼了！昌仁，这是……
　　4 许昌仁：我还没来得及张嘴，就……
　　5 马洪翰：（警觉的）许昌仁，你和文菲小姐到底是什么关系？
　　6 文　菲：（抢着宣布）我和昌仁是同学加恋人！
　　[众大惊。瑶琴掀下盖头。]
　　7 瑶　琴：（凝视昌仁和文菲）同学加恋人！昌仁哥，那我呢？（昏倒）

　　　　　　　　　　　　　　　　　　　　　（《立秋》第四章）

　　话轮 3，作为许昌仁的女友，文菲似乎已经明白眼前的情景，因此急切地问昌仁"这是怎么回事？"虽然比较惊讶（一惊），但不至于吃惊得说不出话来，她知道不必说完对方就可以明白，而她更希望对方立刻回应，对眼前的情形做出解释。
　　当然，更多的省力情形只是觉得不必说完对方就可明白，比如：

（18）（语境：上海某处，恋人云之凡与江滨柳正准备分手回家。）

1 云之凡：（两人一起看表）晚了，我要回去了。（去手提袋拿围巾，跑过来，指布景）滨柳，你看，那颗星星！（将围巾围在滨柳脖子上）

→2 江滨柳：你这是……

3 云之凡：我今天到南京路，看到这条围巾，就想你围起来一定很好看。

（《暗恋桃花源》第一幕）

根据具体的情景语境，之凡将围巾围在江滨柳的脖子上，后者的自然反应就是问"你这是干什么？"该例急收不是有何难言之隐，不过是由于意思非常明显而不必完全说完。

第二节　说话人使用急收话语动机的分布特征

一　急收话语的动机分布概况

本章的言语行为分类（如下表）与上一章的"积极话语""消极话语"与"中性话语"是一致的。因此，在大类上的分布可参考5.2的分析结果，即急收话语更多地用于降格实施消极言语行为。此外，虽然数量相对较少，在表达积极言语行为时，说话人也出于不同的动机而使用急收来减缓话语的力度。最后，这里的中性言语行为的实施不是为了面子或者礼貌等因素，而往往是为了节省说话人的心力。

表6-3　　　　　　急收话语实施的言语行为分类

类　别	频　数
消极言语行为	189
积极言语行为	13
中性言语行为	10

虽然在大类的分布上不必再说明，但在次类上还需观察急收话语到底

更多地用于何种言语行为。具有量化统计意义的只有消极言语行为，因为积极言语行为和中性言语行为如果细分次类，数值太少，没有统计的意义，因此下面只关注消极言语行为的分布状况。我们根据表6-2的分类在语料中就对应的行为进行了频次统计，得到结果如下表：

表6-4　　　　　　　　急收话语施行的消极言语行为分类

大类	次类	频数	
断言类	表述	91	
指令类	请求	53	59
	建议	6	
表情类	指责	19	27
	评价	8	
承诺类	拒绝	7	12
	威胁	4	
	允诺	1	

从表中可见，急收话语最常用于断言类言语行为，且基本上都是消极表述行为，其次是指令类言语行为，其中以请求行为居多。按第五章第二节的做法，这里我们也可以用 SPSS 17.0 进行卡方检验，呈现四大类言语行为的分布情况，结果如下表：

表6-5　　　　　　　　急收话语实施的言语行为类别分布

	观察数	期望数	残差
断言类	91	47.3	43.8
指令类	59	47.3	11.8
表情类	27	47.3	−20.3
承诺类	12	47.3	−35.3
总　数	189		

表6-6　　　　　　　　言语行为分布检验统计结果

	类　别
卡方	78.407[a]
df	3

续表

	类　别
渐近显著性	.000

a. 0 个单元（.0%）具有小于 5 的期望频率。单元最小期望频率为 47.3。

上表可以清晰地反映出几类言语行为的分布具有显著差异性，以断言类和指令类为多。从次类看，较多的是（负面）表述类、请求类和指责类。

二　急收话语动机分布的原因

出现上述分布状况的可能原因之一是在话语实践中，上述行为本身的出现频次较高。换句话说，上述行为在话语实践中出现的频率高，因而急收话语出现在该类行为中的频率自然也高。不过，根据李同（2011）对《新实用汉语课本》中的言语行为分布的分析结果看，感谢、赞扬、祝贺、道歉、建议、请求等言语行为出现的频率较高，这虽然无法断定汉语使用的整体情况就是如此，但至少在一定程度上说明上述行为的使用频率较高，否则没有在对外汉语教学中重点讨论的必要。而上述高频率言语行为跟我们在急收话语中发现的言语行为类别不对应，表 6-5 中频次较高的言语行为是表述、请求、指责、评价等。这说明如同第五章第二节那里一样，只能从急收话语实施的言语行为本身以及急收话语的特征方面寻找原因。也就是说，一方面，上述言语行为尤其是（负面）表述、请求以及指责行为本身有进行适当调整的必要。另一方面，急收话语能为说话人所用，来对上述话语进行调整以实现某种动机。

实现利益最大化是说话人选择急收话语策略来调节言语行为的主要动机。负面表述和请求行为具有一定程度的面子威胁，但上面的分布显然不是按面子威胁的程度高低排列的，比如威胁行为显然要比表述行为的面子威胁更大，但在语料中，急收用于表述行为的频率比用于威胁行为要多得多。说到底，我们这里讨论的是说话人使用急收话语的动机的分布，而不是言语行为本身的分布。说话人向对方传达负面消息或请求对方做某事时，采取了半路"取消"（undo）（Caffi，2007：129）的急收方式在一定程度上显示了说话人的犹豫（昆体良，1920：407），暗示说话人本不想给听话人带来对方不愿意知道的消息或不愿意承担的压力。维护对方的面子需求自然是动机之一，更深层次的目的在于维护良好的人际关系以及取得更好的行事效果。或许我们可以换一个角度，从追求利益的角度看，既损人又不利己的行为（如负面断言行为）尤其需要使用话语策略。对于损人利己的行为（如请求、指责、威胁等行为），为了减少别人的损失，更好地实现自己的目标也需要话语策略，而损己利人（如允诺）的行为可能对话语策略的需求较低。这在一定程度上体现了"语用平衡（pragmatic balance）假设"（陈新仁，2004a）（详见第七章）的精神。这或许能够解释为何断言行为和指令行为较多地用到急收话语方式而其他行为较少使用的现象。

就急收话语本身的特点而言，在第五章第二节我们提到急收话语具有理解的开放性，使得听话人有更多的选择空间，这里拟简述与之相似的另一特征——"可否定性"特征（Weiser，1974；Weizman，1989；Drew，2011；Terkourafi，2013：214），与"暗示"（hint）"模糊"（opaque）等概念相似：

> 暗示，本质上至少在某种程度上就是模糊，这里将论述这种模糊性是如何被说话人用来获得一种较高程度的可否定潜势的：通过暗示来实施请求，说话人希望听话人明白自己的意图从而实施某种（隐含地）请求的行为，但对其意图的识别不是从其暗示性话语意义中直接得来的。

> Hints, by their very nature, are inherently opaque, at least to some extent, and will be argued here how this opacity may be exploited by the speaker so as to secure a high degree of potential deniability: by using a Hint for the realization of a request, the speaker intends to get the hearer to carry out some (implied) requested act in such a way that the recognition of his or her intention will not be grounded in the utterance meaning of the Hint. (Weizman，1989：71)

上述引文是以实施请求行为为例说明由暗示所引起的话语的可否定性潜势，这也可以扩展至其他言语行为。急收话语也具有一定程度的暗示性，因而也具有可否定性特征。如果说理解的（部分）开放性主要是对听话人而言的话，可否定性就主要是为说话人所用。说话人使用急收话语一方面表明自己某种"软化"的态度（Vento *et al.*，2009：444）；另一方面还可以否认听话人所推导的不利于说话人的含意。可举一例说明：

（19）（语境：周公馆二少爷周冲向母亲繁漪说自己有心上人了。）

1 繁漪：可是你不是喜欢受过教育的人么？她念过书么？

2 周冲：自然没念过书。这是她，也可说是她唯一的缺点，然而这并不怪她。

3 繁漪：哦。（眼睛暗下来，不得不问下一句，沉重地）冲儿，你说的不是——四凤？

4 周冲：是，妈妈。——妈，我知道旁人会笑话我，您不会不同情我的。

→5 繁漪：（惊愕，停，自语）怎么，我自己的孩子也……

6 周冲：（焦灼）您不愿意么？您以为我做错了么？

7 繁漪：不，不，那倒不。我怕她这样的孩子不会给你幸福的。

（《雷雨》第一幕）

周冲跟繁漪说的心上人就是周公馆的下人四凤，繁漪知道大少爷周萍也喜欢四凤，也许正是因为周萍喜欢上了四凤才开始疏远自己，她觉得是四凤抢走了周萍，现在自己的儿子又喜欢上了四凤，因此她才会"惊愕"，并说"我自己的孩子也……"（话轮5），意思是"也喜欢她""也要被她抢走""也要背叛我"等。即便是自言自语，她也不能说完整，不然她的心思就可能被儿子知道了，毕竟周冲还不知道母亲跟自己哥哥的不伦关系。周冲感觉到母亲不太乐意（话轮6），其实也正是繁的意思，她不喜欢四凤，不可能同意。但由于她前面用了急收话语，因此还有回旋余地，连说"不，不，那倒不。"（话轮7）这显示了急收的优点：即便被对方猜中自己的心思也还可以否认。

上述原因至少部分地解释了本研究语料中体现在言语行为上的说话人使用急收话语动机的分布状况。

第三节　说话人使用急收的语境因素

　　前两节主要从急收话语的直接表现来推定说话人的话语动机，本节拟探讨说话人是在何种语境下做出该话语选择的。修辞学的任务是"为特定的思想寻求最适宜的表达形式"（王希杰，2004：40），"适宜"就是适应语境。由此观之，在什么语境中说什么话也是说话人的动机之一。反过来说，"语境可以被看作制约（constraining）或抑制（repressive）"（Pilkington，2000：57）。说话人对此是有充分认识的。因而，我们对语境的探讨并未离题，仍旧是对说话人话语选择动机的思考。

　　语境研究颇为繁杂，"语境的复杂本质以及语境自身都具有语境敏感性，使得要给出一个学界共享和认可的定义甚或理论视角都是不可能的，通常都只能描述或捕捉语境的某一个小的方面"（Fetzer & Oishi，2011：1）。目前的语境分类多为一些大的标签，如"情景语境"（context of situation），"文化语境"（context of culture）（Malinowski，1923）等笼统概念。虽然上述概念的重要性"国内学者都没有异议"（朱永生，2005：24），但如果我们只是在每个急收话语后面标上此类大的标签，似乎意义不大。本研究不打算从理论上探讨语境，而是希望借用可操作的语境分析指标来分析语料，从而对说话人的话语选择动机进行推断。因此需要找到具体、可操作的语境分析指标。Spencer-Oatey（2008：33-39）的语境分类指标符合当下的需求。下文拟根据其分类，从参与者关系、信息内容以及活动类型或社会文化制约三方面来分析急收话语的语境因素。这部分的语料标注方法在第三章已有交代，如下先呈现本研究语料的分析结果（如下表），再分节讨论。

表 6-7　　　　　　　　说话人选择急收话语的语境因素简表

类　型		数量
参与者关系	下对上	56
	高权势对低权势	24
	关系近	26
	关系远	14
	他人在场	16

续表

类　型			数量
信息内容	听话人受损	给听话人带来负面消息	60
		听话人受驱使	43
活动类型			12
社会文化		社会习俗、法律制约	10

表中的数值相加略大于急收话语数量的总和，这是因为有少许重复计算，比如某些话语的内容可能给听话人带来负面消息，但同时急收的原因可能是受社会文化的约束，因此在计算时有所重复。讨论如下。

一　参与者关系因素

在对语境要素进行具体标注时我们遇到问题：如果要对某些指标进行频数统计，就可能把复杂问题简单化。比如标注"社会角色"时，如直接计算店员与顾客、父亲与女儿、哥哥与妹妹等出现的次数，似乎意义不大。因此，只能把这些因素"简单化"，与"参与者关系"合并考虑。

参与者关系主要指权势、距离以及在场人数等。权势包括回报权势、支配权势、专家权势、法律权势以及参照（referent）权势。距离也称社会距离、团结度、亲密度、熟悉度等（Spencer-Oatey，2008：34-36）。而社会/互动角色，即话语各方在社会中的角色，如师生，顾客与店员，雇主与雇员，朋友与朋友等。他们的共同点在于对地位的高低、权势的大小、关系的远近等都较为敏感。Spencer-Oatey自己也发现"角色关系不仅部分地影响到权势与距离，同时还帮助明确各个角色的权利与义务"（同上：37）。因此拟先用简单化的方式对语料进行标注，并作频数计算，对不易理解或较为特殊的分类项目进行举例说明，以便尝试对急收在本研究语料中的使用情况进行总体推断。然后，为了展示更多的语境因素的细节和动态性，拟结合实例进行个案分析，以弥补简单化统计的不足。实际上，参与者关系还与语用身份联系紧密，在讨论过程中还可引入身份视角，综合分析急收话语的参与者因素。

上表呈现的数值在一定程度上符合我们对急收话语使用的直觉认识，比如往往是地位较低的人在向地位较高的人传递不利消息或者请求对方执行行为时在态度上比较犹豫，在话语上就体现为急收。例如：

(20)（语境：商业间谍欧日华看上了德家祖传大院，扮成临时工向德家二女儿德文珠揽活干，后者同意给他一口饭吃。）

1 欧日华：原来是一个狗窝呵……没问题，有一条小狗作伴，可以免除寂寞嘛。可就是，你的双亲大人同意让一个走投无路的流浪汉进入你们的美好家园吗？

2 德文珠：（淡然一笑）这一溜南房归我一个人使用，独立自主，领土完整，别人无权干涉。我也饿相信你是个正人君子，不至于欺负我一个弱女子……而且，我们随时都可以算账的。

3 欧日华：（佯作无奈）老板可不像是北京大姐，倒有点像香港杂货店的老板娘啊。

4 德文珠：说错了，不是老板娘。好了，收拾一下，随时待命。晚上十二点要到涿州去送货。

→5 欧日华：我的证件……

6 德文珠：先押在我这儿，用的时候再给你。（将证件装进口袋）

（《北京大爷》第一场）

作为商业间谍的欧日华打扮成苦力工想混入德家，德文珠雇用了他，自然就成为了主家，地位在欧日华之上。作为苦力，欧想要回自己的证件就没有那么理直气壮，因此他不敢说"我的证件还给我！"而是以急收的方式试探对方。从身份构建角度看，欧用急收话语建构了一个低姿态的、下人的身份，减少对对方的强迫，把自己的身份当作了一种"施为资源"（illocutionary resource）（陈新仁，2018b：10）。结果虽然对方没有像他期望的那样还给他证件，但至少没有生气。

还值得关注的是"高权势对低权势"及"关系近"两项（频次较多），先就前者举例说明。

(21)（语境：晋商丰德票号资金周转不畅，遭散户挤兑，票号内乱成一团，总经理马洪翰急忙询问情况。）

1 马洪翰：赵经理，外面是怎么回事儿？

2 赵成才：总经理，可不得了啦，省里各地的客户，来了一大批，都在门外等候兑银票。

3 马洪翰：库银呢，拿出来兑给他们！

4 赵成才：三个月前外地票号吃紧，您吩咐动用库银，大部分拨出去了……

5 马洪翰：还剩多少？

6 赵成才：只有几万两银子了。

→7 马洪翰：克明，省政府借我们的款……

8 张克明：老爷，催过多少次了，他们说借款的是大清政府时期的省政府，原来的官儿找不到，不认账……两百多万呀，老爷，打水漂啦！

9 马洪翰：那……那橡胶股票呢，六百万两的橡胶股票呢？

10 张克明：上海来电报，橡胶股票跌的如同废纸了。

［马洪翰怔住，脸色铁青。］

（《立秋》第六章）

在危机处理时刻，机构负责人的话语往往直接、简练、直击要害。这是由当时的语境及其机构赋予的权势和责任决定的。马洪翰的职业身份是丰德票号的总经理，对所有下辖分号负责。用"外面是怎么回事儿？"（话轮 1）"拿出来兑给他们！"（话轮 3）等非常有力的话语建构了干练的总经理的身份，但当得到的回答都是负面消息时，其信心开始动摇，话轮 7 问"省政府借我们的款"（有消息了没有?）时已经有些犹豫，但这种犹豫能够被其高权势掩盖，因为上级的话语往往点到为止，不必完全明示，因此他只需说"省政府借我们的款……"下级就能够明白，并马上做出回应。急收话语的这种"简慢"（Sullivan，2008：4）特点也建构了说话人的高权势身份。

另外，急收话语为何在关系更亲密的参与者比关系远的人使用得更多（26 对 14）？上例提及的急收话语的简慢性质除了跟高权势有关，而往往也会发生在关系比较亲密的人之间，如下例：

（22）（语境：几个拉车的正和虎妞围着火炉聊天，在大宅门拉包月的祥子突然回来了。）

1 祥子：顺子，曹先生叫人家给逮起来了。

2 虎妞：逮起来了？

3 小顺子：为什么？

4 祥子：不知道！

5 虎妞：不是绑票儿？哪逮的？

6 祥子：说是侦缉队。

7 二强子：犯了案？

→8 虎妞：那天晚上我还去过一趟，不是……

9 祥子：你走了不一会工夫，就来了一大帮人，不问青红皂白……哼，好好的一家子人家！

10 虎妞：那你？……

11 祥子：他们把我放了，可是搜光了我的钱，连铺盖卷儿也不让拿！

（《骆驼祥子》第三幕）

祥子回来之前，虎妞去过一趟曹家去找祥子，并告诉他自己有孩子了，因此祥子与虎妞的关系算很亲近了。再加上虎妞去过曹家，比较了解情况，从知情的角度看，也是虎妞与祥子最了解。话轮8，虎妞的意思是，"那天晚上我还去过一趟，不是好好的么？"但只需说一部分，祥子就可以明白了，因此虎妞没有说完的必要。这正是急收有时用于表明说话人与受话人同属"圈内"（in-group）的表现：

急收是对应于扬起的眉毛、会意的眼神以及相互理解的一瞥等肢体语言的话语表现。

Aposiopesis is the discursive equivalent of the lifted eyebrow, the knowing look, the glance of mutual understanding（Savoy，1995：299）.

这种理解显然是建立在交际双方的某种共有基础之上。本研究语料中，关系亲密的人之间的急收现象也传递着这种信息。这也验证了 Ervin-Tripp（1976：44）的发现：某些间接话语在家庭成员中起着增强内部亲密度的作用。

二　信息内容因素

信息内容主要是基于损益来考虑的。成本或损害（cost）除了经济负担外，还指给对方带来的时间、心力、强加程度、方便程度、风险等负担（Spencer-Oatey，2008：37）。相应地，对于因此而获得方便、节省了时间、心力等的一方来说就是利益（benifit）。有趣的是，就这些因素而言，急收话语达成减少对听话人的强加程度、方便程度等是以一定程度地损害听话人的时间、心力等因素为代价的。如下例：

（23）（语境：佣人老妈向男租客讲房东太太爱打牌，常常不在家，有人来看房，都是房东的女儿去招呼。有家眷的人，一提到太太、小孩，房东女儿就把他回了。没有家眷的人小姐才答应，等到房东太太回来，一打听，说是没有家眷，太太就把他回了，房子总租不出去。）

1 男　客：怎么，像这样的事，以前已经有过？

2 老　妈：也不知有过多少次。每回租房，小姐都要和太太吵一次，不过平常小姐不敢做主，这一次她做主受了你先生的定钱，所以才生出这样的事来。

3 男　客：她如果早做主，这房子老早就租了出去。

4 老　妈：是的，不过平常租房的人，听说房子不能租给他们，他们也就没有话说，不像你先生这样的……

5 男　客：古怪，是不是？是的，你们太太的脾气太古怪了，我的脾气也太古怪了，这一回两个古怪碰在一块儿，所以这事就不好办了。不过我也觉得这房子不坏，尤其是前面的那个小花园。

→6 老　妈：看你先生的样子，一定也是爱清静的。这里一天到晚听不到一点嘈杂的声音，离你先生办事的地方又近，所以……我曾在那里替你先生想……

7 男　客：你替我想甚么？

8 老　妈：……就说你先生是有家眷的，家眷要过几天才来，这样一说，太太一定可以答应把这房子租给你。

9 男　客：好了，如果过几天没有家眷来，怎样？

10 老　妈：住了些时，太太看了你先生甚么都好，她也就不管了。

(《压迫》(独幕剧))

话轮 6，房东的帮工老妈本是想给遇到麻烦的租客出主意，但考虑到自己的地位，说话算不了数，兴许对方也不想听，把自己的主意强加给对方，怕冒犯对方，因此选择了急收。这在一定程度上造成了对方的理解障碍（话轮 7），自然会使对方花费更多的心力。虽然不是急收话语的内容而是急收的方式造成了听话人处理心力和时间的增加，但说话人是出于话语内容的角度考虑才采取急收方式的。因此，可以看到，有时候为了维护听话人的某些利益而以损害其他利益为代价的情况在急收话语中经常发生。

上例是为了维护听话人的利益而选择的急收，而为了维护自身的利益，说话人有时候也会以牺牲对方的心力和时间而选择急收话语。如下例：

(24)（语境：车夫祥子在大户曹家拉包月，某天祥子的相好虎妞来看了祥子，别告诉他自己怀孕了。虎妞走后，祥子找曹家下人高妈讨主意。)

1 高妈：你的相好走了？

2 祥子：走了。

3 高妈：敢情祥子也有这么一手啊！人不可貌相，别看老实巴交的。她是干什么的？

4 祥子：开车厂子的。

5 高妈：好啊，你拉车，她开车厂子倒也门当户对。

→6 祥子：高姐，您说这件事……（感到羞愧说不下去）

7 高妈：怎么？

8 祥子：咳，我……我……说不明白……

9 高妈：这么大人，害什么臊啊！依我看，挺不错。只要人好，模样儿甭挑肥拣瘦的。有个人总比打光棍强。几时好日子啊？我还得随个份子，喝你杯喜酒呢。

(《骆驼祥子》第二幕)

话轮 6，祥子因为害臊而选择了急收，却让高妈一时不明白对方的意思（话轮 7），虽然话轮 9，高妈明白了祥子的意思并说了自己的看法，但单从节省心力的角度看，如果祥子不使用急收，高妈立刻就明白了。所以，话语的损益确实是影响说话人选择话语方式的重要因素。有时候为了更重要的利益往往不惜以损害较小的利益作为代价，至少在急收话语中是如此。

三　社会文化因素

Spencer-Oatey（2008）并未单列"社会文化"因素，也许是因为她讨论的具体因素都可囊括在社会文化大背景下。她是通过对"交际行为类别"（activity types）的列举来体现不同的社会文化的差异的。行为类别涉及参与者的目的，（法律或社会）认可的做法（allowable contribution），以及对格赖斯原则或礼貌原则的遵守或违背程度等（38）。由于这些行为都受制于"历史和文化的具体规约"（Gunthner，2007：129，引自Spencer-Oatey，2008：38），本研究不打算从行为类型的角度对所有急收话语进行新一轮的梳理，因而直接使用"社会文化因素"这一标签来指代说话人所受到的较明显的社会、文化、法律等方面的制约而采用急收方式的表现。也就是说，本书是在很狭窄的意义上使用这一标签的。例如：

（25）（语境：话剧最后，周萍要去矿上，四凤已怀孕，他们决定争取鲁妈的同意一起去。鲁妈怀着极度痛苦的心情决定成全他们。繁漪不满周萍撇下她离开，一顿讽刺与拖延，并引来了周朴园。）

1 周朴园：（沉痛地）萍儿，你过来。你的生母并没有死，她还在世上。

2 周　萍：（半狂地）不是她！爸，您告诉我，不是她！

3 周朴园：（严厉地）混账！萍儿，不许胡说。她没有什么好身世，也是你的母亲。

4 周　萍：（痛苦万分）哦，爸！

5 周朴园：（尊严地）不要以为你跟四凤同母，觉得脸上不好看，你就忘了人伦天性。

6 四　凤：（向母）哦，妈！（痛苦地）

7 周朴园：（沉重地）萍儿，你原谅我。我一生就做错了这一件事。我万没有想到她今天还在，今天找到这儿。我想这只能说是天命。（向鲁妈叹口气）我老了，刚才我叫你走，我很后悔，我预备寄给你两万块钱。现在你既然来了，我想萍儿是个孝顺孩子，他会好好地侍奉你。我对不起你的地方，他会补上的。

→8 周　萍：（向鲁妈）您——您是我的——

9 鲁　妈：（不自主地）萍——（回头抽咽）

10 周朴园：跪下，萍儿！不要以为自己是在做梦，这是你的生母。

11 四　凤：（昏乱地）妈，这不会是真的。

12 鲁　妈：（不语，抽咽）

13 繁　漪：（转向萍，悔恨地）萍，我，我万想不到是——是这样，萍——

→14 周　萍：（怪笑，向朴）父亲！（怪笑，向鲁妈）母亲！（看四凤，指她）你——

15 四　凤：（与萍相视怪笑，忽然忍不住）啊，天！（由中门跑下，萍扑在沙发上，鲁妈死气沉沉地立着。）

16 繁　漪：（急喊）四凤！四凤！（转向冲）冲儿，她的样子不大对，你赶快出去看她。

（《雷雨》第四幕）

本例算是整部话剧的高潮，可以说，悲剧的根源不在鲁妈的坎坷命运，或者四凤又踏上鲁妈命运的轮回，而是周萍与四凤的相爱。近亲结婚在现代社会是法律所禁止的，在中国传统社会文化观念中更是违背天理人伦。只有明白这一点才能体会话轮 8 周萍的痛苦，他不是不想与鲁妈相认，也不是看不起鲁妈的身份，而是她是四凤和自己的生母！到话轮 14，周萍已经无法控制住怪笑，当指着四凤时，他仍然无法喊出"你，妹妹！"他们相知相爱，并有了爱情的结晶，才知道是亲兄妹，也许只有速死才能使他们挣脱社会文化的重负。

上例直接体现了社会文化的约束，如果加入中国传统文化中的男女、夫妻、家庭成员、话语损益等价值体系的话，几乎所有的急收例子都带有社会文化的印迹，但本书并不打算涉及不那么凸显的、宽泛的社会文化因素。

四　语境因素的动态性

如 Spencer‐Oatey（2008：39）所言，上述语境因素既是常在（standing）的又是动态的，"在交际过程中，对这些变量的评价总是发生着变化"。这正是她的"语境因素的动态评价"观，动态性体现为对"语用因素的操控"：

> 交际者为了增加或减小社会距离、权势、权利与义务、驱使程度等而依靠语言进行调节的可能程度以及交际者个人对交际情景的正式程度进行调节的可能范围。
>
> ［T］he degree to which an interactant can use language in order to increase/decrease social distance，power，rights and obligations and size of imposition，and the degree to which an individual can increase or decrease the formality of the situation.（Spencer‐Oatey，2008：38）

下面，可以观察两例，看本研究语料中急收使用者是如何通过急收话语来对语境因素进行操控从而体现动态性的。

（26）（语境：小号是一列货运列车的见习车长，无业青年黑子与小号是同学、朋友，黑子受人撺掇打算帮助车匪在小号的车上作案。）

1 小号：你太过分了，你还想把我的工作也砸了？

2 黑子：砸不了的。你有个好老子保着你，可我什么都没有，什么都没有！

3 小号：你得到的已经够多的了，你得到了蜜蜂，夺人所爱，你小子还讲什么哥儿们！

4 黑子：不对，小号，不对！我黑子不是这号人，我没有亏待过你！我早把你的话同蜜蜂讲了。是我叫她自己拿定主意，我甚至劝她同你好，她跟你会比同我在一起幸福：这话我都讲了！可她偏死心眼。你怨不得我，你这还不明白？她爱的不是你——

　　5 小号：不要在我面前提到她！

　　6 黑子：（激动地）你听我说下去！我所以瞒着你，不让她挑明我们的关系，（热烈而痛苦地）是为她着想，我不愿意伤害你对她的感情，是为了她的幸福。我要栽了跟头，这辈子完了，可她还得生活，她还得有个家，你还能给她幸福，你怎么就不能谅解我这份苦心呢？

　　7 小号：我不要听！

　　8 黑子：你醋缸里泡的？心眼也太窄了。

　→9 小号：（大声地）你要再上前一步——

　　10 黑子：你就使绊儿？（央求地）小号，你知道我从来不求人的。

　　11 小号：（叫喊）你不准在我车上作案！

（《绝对信号》（独幕剧））

　　小号与黑子本是好朋友，地位平等。但观察话语可见，黑子的话语冗长（话轮 4、6），语气和缓，姿态温和（央求），多用称呼语（"小号"），一直试图建构自己是小号的朋友身份，希望与小号维持良好的关系，建构平等对话的权利。而小号则通过"你太过分了""不要在我面前提到她""我不要听"等话语拉开与黑子的距离，从未使用称呼语，并用"我车上""作案"（话轮 11）等话语建构自己的机构身份，以获得更高的权势。话轮 9，小号大声警告"你要再上前一步——"以急收的方式传递后面采取多种方式的可能性，比明确警告如"你要再上前一步我就不客气了/我就赶你下车"等更有威慑力。但黑子并未立刻接受小号所建构的身份，而是通过"小号""你知道"（话轮 10）等话语来调节关系。再如：

　　（27）（语境：欧阳平与有病的母亲梅林到何家暂住，由于梅林之前有政治问题，何是非怕受牵连，可能告诉了有关机构。）

　　1 何是非：四点多了，他们还没有从医院回来？

　　2 刘秀英：回来了，都在屋里。

3 何是非：噢。——民兵小分队有人来过吗？

4 刘秀英：民兵小分队?! 没有。（赶紧走到桌子前头，把碎纸攥在手心里）

5 何是非：（发现刘秀英惊慌的神色和藏在背后的手）你手里拿的是什么？

6 刘秀英：没什么。

7 何是非：没什么？给我看看。　（上前硬夺了过来，展开，怒）你真是疯了！这个东西也能随便撕吗？

[刘秀英不语。]

→8 何是非：（语气缓和了下来）这不是民兵小分队送来的？秀英，过去你当老师的时候，不是成天教孩子们要正直，不能说谎，可你自己……

[刘秀英仿佛被扎了一刀似的，惊骇地看着何是非，片刻，哭着上了楼。]

（《于无声处》第二幕）

何是非在外是某进出口公司的革委会主任，在家是一家之主，具有支配权势。表现在行为和话语上，话轮 7，何是非先是"硬夺了过来"，后又指责妻子刘秀英"你真是疯了！"可见其强势地位。话轮 8 虽然仍旧是指责，说对方成天教孩子们不能说谎，可自己却撒谎，但在语气上"缓和了下来"，试图转换角色，建构自己的丈夫身份。从家长到配偶，何是非把自己的身份当作"人际资源"（陈新仁，2018b：10），用来调节和秀英的关系。

上面我们主要分析了说话人是在何种语境条件下做出的急收话语选择的，最后我们拟结合相关理论对说话人为何要做出这种语用选择进行简要阐述。在 Spencer-Oatey（2008：37）看来，"在社会互动中也存在着负债感（a sense of indebtedness），需要获得平衡（book balancing）"，而"平衡"这一概念早在陈新仁（2004a）那里就已经得到了系统阐述，并发展出了"语用平衡假设"：

1）在言语交际中，正常的说话人存在多层次的交际需要；

2) 在言语交际中，说话人调用各种语用资源会产生程度、性质不同的语用力量；

3) 说话人为理性社会人，在选择交际方式时会权衡其交际需要及为满足这种需要所应产生的语用力量，当二者趋于一致时，就可以使交际处于平衡，否则就会使交际失衡，一般情况下，理性的说话人有维持语用平衡的欲望和动机。

假设中的"语用力量"（pragmatic force）指说话人在特定语境中借助语言或/和副语言方式对各种语用资源的调用而产生的影响力或作用力（同上）。简单地说就是说话人首先明确自己的交际需要，再根据需求选择适当的语言手段，而语言手段自身又带有语用力量，当这种语用力量与说话人的交际需求契合并为听话人所接受，说话人就有可能实现自己的需求，反之，则难以实现。关键在于说话人对话语手段选择及修饰，将话语的语力调节至适合的程度，这或可称为语用修辞能力。举一例说明：

(28)（语境：正值第二次世界大战期间，范柳原盗用英国人亨顿的名义与日本人做军火生意，但走漏了消息，并收到日本人的恐吓信，范怀疑是萨黑荑妮告诉了亨顿。）

1 范柳原：（从炸弹中抽出一张纸来，看看，笑笑）

2 白三爷：（围拢去，试探性地）说些什么？

3 范柳原：（把纸丢给三爷）

4 白三爷：（大声地读出来）小小礼物，不成敬意，乞望笑纳，希十日内将货物完璧归赵，再会，森元太郎。日本人？

5 范柳原：（突然转向萨）公主，你能为我做点什么吗？

→6 萨黑荑妮：能。但是……

7 范柳原：必须跟你回英国？

8 萨黑荑妮：（犹豫一下，重重地点头）嗯。

9 范柳原：你走吧。

10 萨黑荑妮：范……

（《倾城之恋》第二幕）

范虽然通常处于强势地位，但当请求对方帮助时称呼对方"公主"，诉诸情感，用疑问句实施了请求行为（话轮5），使得请求话语不那么直接，这可能让对方更乐于帮助，与范的交际需求是相符的。再看萨，首先，她的交际需求是希望范跟她一起走，但她知道范不会轻易听她的，于是她向亨顿告密，使得范有求于她。当范果真向她求助时，她立刻回答"能"（话轮6），这是她等待的结果。其次，她必须不失时机地提出条件。不过考虑到范是有脸面的人，且他心里只有白流苏，再加上说话的场景还有旁人（白三爷）在场，因此她不能用过于强势和直接的话语抛出条件，而是选择用急收隐含地提出（话轮6），留给了范选择的空间，给对方保留了面子。交际话语往往具有"人数敏感性"（number sensitive），说什么以及怎么说都会受到在场人数的影响（Spencer-Oatey，2008：36）。如果她生硬地提出条件，也许在范看来就是不给他面子，或者当作对他的请求的拒绝，这不符合萨的交际目的。虽然在话轮9范暗示了拒绝，但最终还是同意了萨的要求。

第四节　小结

本章基于说话人话轮对说话人使用急收话语的动机进行了分析。首先接续第五章的研究，继续从负面消息、负面看法、驱使话语等类别讨论了说话人隐含传递敏感信息的意图。其次结合言语行为系统分析了说话人使用急收降格实施言语行为的目的，并对言语行为进行了分类，发现急收可以实施消极言语行为、积极言语行为以及中性言语行为。从分布上看，急收话语实施的言语行为类型具有显著分布差异，更多地用于实施消极言语行为，次类上更多地用于负面断言（或表述）、请求等言语行为，并简析了造成这种分布的原因。最后，本书借用了Spencer-Oatey（2008）的语境分类指标，如参与者关系、信息内容、社会文化等方面对说话人选择急收话语方式的语境因素进行了分析，认识到急收话语是说话人出于一定动机、基于一定语境因素而做出的有利于实现交际意图的话语选择。

第七章　急收话语的语用修辞效果

上一章我们主要基于说话人话轮对其使用急收话语的动机进行了探讨，本章拟基于听话人的回应话语及行为，结合"观察者"视角来考察急收话语的语用修辞效果。话语的效果是多种多样的，考虑到操作性，并体现语用修辞视角，拟从急收话语的行事效果、人际效果和诗意效果三方面来进行分析，以回答急收话语的语用修辞效果问题。虽然在具体急收话语实践中通常各有侧重，但这三方面有时是同时存在的，也可印证本研究的"言语行为—关联理论—（不）礼貌/面子理论"基于互动话语的合力解释（力）。最后对本章进行小结。

第一节　急收话语的行事效果

在上一章，我们已经就急收话语实施言语行为的表现及动机进行了探讨。本节拟基于上一章的对应研究发现进行效果评价。我们知道，从（言语行为）理论上讲，任何一句话都同时实施了三种言语行为：言内行为（locutionary act）、言外行为（illocutionary act）和言后行为（perlocutionary act）。不过，本节只打算选择急收话语实施的指令言语行为来观察其效果。因为如果从面子威胁的角度看，指令类言语行为相对来说对听话人的消极面子威胁是比较大的。如果急收话语能够对说话人成功实施指令行为有所助益的话，实施其他类型的言语行为也就不是问题了。下面拟首先讨论急收话语在听话人那里产生的行为效果，然后分析能够引起这种效果的机制或原因。

一　急收话语引起的行事效果分类

本研究的语料是话剧文本话语，除了剧作者的部分附注以外，话语本身无法传递多模态信息，因此，我们在评价急收话语的行事效果时，主要证据就是听话人的话语或行为反应。如 Haugh（2015）发现，某些省略话语（所举例子属于急收话语，但作者没有使用这一术语）的"结果"（upshot）部分没有被说完（left unsaid），并赞同 Raymond（2004）的看法：

> 在传递"未明说的结果"时，说话人也期待听话人的某种言语或非言语的反应，即听话人应就说话人未说完的话语展示自己的理解。
>
> [I] n projecting an "unstated upshot" the speaker is also anticipating some kind of (non) verbal response from the recipient, namely, that he will display understanding of this upshot (Haugh, 2015: 1).

换句话说，听话人会对急收话语有所反应：一是话语商榷反应。如果没有理解急收的内容，听话人可能会要求说话人提供更多的信息；二是话语接续反应，如果听话人以急收话语的意义为基础继续后轮话语，说明听话人理解了急收话语；三是行动反应，如果听话人用行动（往往辅以相应的话语）回应了说话人以急收方式表达的话语意义，也说明听话人（按自己的方式）理解了急收话语。当然，这种行动可以是顺应说话人的指令，也可以违背说话人的指令。我们就以上可观察的听话人反应为证据来分析语料中用急收话语执行的指令类言语行为的行事效果，具体可标注为"延缓/阻碍行事行为""不影响行事行为"以及"促进对方的行事行为"。当然，听话人对指令行为的行为反应部分取决于说话人请求行为的强迫程度以及话语双方的权势、距离关系。例如：

（1）（语境：周公馆大少爷周萍不堪忍受与继母繁衍的情感纠葛，决定第二天就离开家乘火车去矿上，但又不能带心爱的四凤一起走。走的前夜周萍跑到四凤家要求见四凤。）

1 外面的声音：（低声）四凤，我求你，你开开。

2 四　凤：不，不！已经到了半夜，我的衣服都脱了。

3 外面的声音：（急迫地）什么，你衣服脱了？

4 四　凤：（点头）嗯，我已经在床上睡着了！

5 外面的声音：（颤声）那……那……我就……我（叹一口长气）

6 四　凤：（恳求地）那你不要进来吧，好不好？

7 外面的声音：（转了口气）好，也好，我就走，（又急切地）可是你先打开窗门叫我……

8 四　凤：不，不，你赶快走！

→9 外面的声音：（急切地恳求）不，四凤，你只叫我……啊……只叫我亲一回吧。

10 四　凤：（苦痛地）啊，大少爷，这不是你的公馆，你饶了我吧。

11 外面的声音：（怨恨地）那么你忘了我了，你不再想……

12 四　凤：（决定地）对了。（转过身，面向观众，苦痛地）我忘了你了。你走吧。

（《雷雨》第三幕）

"外面的声音"指周萍，在话轮9，他请求四凤"你只叫我……"后面又补充完整了，这也是急收话语的一种表现形式，"急收后面有时会接续句子，对省略的内容进行说明或确认"（Dimit，2006：161），即便不说完，四凤也是明白周萍的意图的，从话轮8四凤对周萍的打断就可知道。对于周萍这种比较过分的要求（四凤父母在家，且就一墙之隔，而他们的关系双方父母都不知情），四凤自然是不能答应的。在当时的情景下周萍的权势不比四凤高，四凤对此也有认识（"这不是你的公馆"），且周萍的请求强迫程度太高，四凤自然有权拒绝。但如果说话人以急收的话语方式部分地操控或影响了上述因素，使得听话人本可以不执行却执行了说话人的指令，或者是虽然最终没有执行，但听话人觉得有愧于对方，那么急收也算是"促进"了话语的行事效果。比如上例四凤虽然拒绝了周萍的要求，但行为反应是"苦痛地""你饶了我吧"（话轮9），说明她拒绝周萍也不是简单的事，这也许跟周萍"急切地恳求"以及急收话语所表达的犹豫与渴望所显示的对四凤的爱是多么不由自主有关。下面分别举例说明这三种情况。

我们首先举例说明急收话语的残缺形式对听话人选择执行或者不执行

说话人的指令没有产生负面影响的情形，例如：

（2）（语境：茶商唐文山对刚成名的电影明星阮玲玉很慷慨，提供过不少帮助。某天，唐拿着一张小报去阮玲玉家拜访。）

1 唐文山：阮小姐千万不要为此动气！——有人在小报上写了文章，说阮小姐和唐某早在普陀山拍外景的时候就有了同居关系，说阮小姐之所以和姓张的分手，就是为了取得与唐某结合的权利。（递过一张小报）啊，这些小报和那些无聊的记者历来是如此的。阮小姐不必和他们过分计较，气坏身子。

2 阮玲玉：不是生气，只觉得做个女艺人，活着真难，好像我们都是不正经的人！所以在和张四达分手以后，我打定主意过独身生活，可还是免不掉他们说三道四……

3 唐文山：那也太过分了！不过，唐某也有过类似的念头。

4 阮玲玉：唐先生你也想独身？

5 唐文山：文山也是从极其可悲极其不幸中挣扎出来的呦！

6 阮玲玉：唐先生，出于好奇，可以问一下么？听说过去爱过一个女明星？

7 唐文山：有过

8 阮玲玉：她是谁呀？

9 唐文山：我不愿说。

10 阮玲玉：请原谅。

11 唐文山：凡是和我交往过的人，过后不管好还是不好，我都不愿说对人家有损的话。

12 阮玲玉：这是唐先生的可贵之处

→13 唐文山：也未必就是个优点。这小报的事……

14 阮玲玉：我想发表个声明！

15 唐文山：呆傻！哦，对不起，阮小姐，我有个想法，说出来，行不行，请你不要恼怒！

16 阮玲玉：有什么解救办法，唐先生，快请讲！

17 唐文山：我们就真的结合了吧！

（《阮玲玉》第十一场）

暂且不提小报上的事其实就是唐雇人所为，只就当前话轮进行观察，话轮 13 唐文山话题一转，问"这小报的事……"实际上是用急收方式隐含地表达了要阮玲玉表态的请求行为。从话轮 14 可见，阮玲玉完全理解唐文山的意思，并给出了自己的意见，即发表独身声明。唐对此的第一反应是说对方"呆傻"（话轮 15），可见，唐早有主意，前面的急收只是"试水"而已，根据对方反应再表达自己的意图。再如：

（3）（语境：劣绅赵贵翁与潘阔亭等一起走进咸亨酒店，边走边谈办赛会的事。）

1 赵贵翁：阔亭，我刚到县里，见到了县太爷，今年的迎神赛会他也主张大办，这关系着风化人心，地方的公益，你要放得开手，叫四乡八镇都动起来，什么高跷会、耍幢幡、小车会都要出齐。

2 潘阔亭：都报上来了，他们正在庙前天天练呢。您听！
［随风又传来庙前的锣鼓声。］

3 赵贵翁：庙前的戏台要整一整，请个绍兴大班，《目莲救母》唱它三天三夜，热热闹闹……

→4 潘阔亭：是，是。您想得周到，只是这经费……

5 赵贵翁：捐！要挨家挨户的劝募，这是做功德的事嘛。对了，明天在会宾楼订一桌酒席，把商会的鲁二爷请出来，将他的军。

（《咸亨酒店》第一幕）

赵贵翁是当地的大户，权势自然很高，因此，话轮 4，潘阔亭表面是在陈述事实，实际上是用急收请求赵贵翁拿主意，赵一点未含糊，回答"捐！"，说明急收话语没有妨碍潘实施指令言语行为。

不过，有些急收话语确实会影响说话人实施言语行为，至少是部分或临时地阻碍了听话人的理解，比如：

（4）（重复第五章例 23，语境从略）

1 男　客：怎么，像这样的事，以前已经有过？

2 老　妈：也不知有过多少次。每回租房，小姐都要和太太吵一次，不过平常小姐不敢做主，这一次她做主受了你先生的定钱，所以才生出这样的事来。

　　3 男　客：她如果早做主，这房子老早就租了出去。

　　4 老　妈：是的，不过平常租房的人，听说房子不能租给他们，他们也就没有话说，不像你先生这样的……

　　5 男　客：古怪，是不是？是的，你们太太的脾气太古怪了，我的脾气也太古怪了，这一回两个古怪碰在一块儿，所以这事就不好办了。不过我也觉得这房子不坏，尤其是前面的那个小花园。

　　→6 老　妈：看你先生的样子，一定也是爱清静的。这里一天到晚听不到一点嘈杂的声音，离你先生办事的地方又近，所以……我曾在那里替你先生想……

　　7 男　客：你替我想什么？

　　8 老　妈：……就说你先生是有家眷的，家眷要过几天才来，这样一说，太太一定可以答应把这房子租给你。

　　9 男　客：好了，如果过几天没有家眷来，怎样？

　　10 老　妈：住了些时，太太看了你先生甚么都好，她也就不管了。

　　　　　　　　　　　　　　　　　　　　　（《压迫》独幕剧）

　　话轮6，老妈子是用急收的方式向租客提建议。但考虑到自己的身份，不是房东做不了主，只是帮工的下人，似乎不便直接给对方提建议，因此用急收的方式试探对方是否有兴趣听下去。由于建议的内容基本没有出现，因此听话人肯定无法理解具体内容，因此追问"你替我想什么？"这说明，这里的急收确实影响到说话人实施指令行为的效果：虽然听话人意识到对方是在提建议，但却不明白具体内容。当然，这可能与说话人的策略有关，这又是另外一个问题。再如：

　　（5）（语境：由于战乱，白流苏一家从上海搬到香港，靠商人范柳原对教堂的捐助，白家一家人住在一家教堂里。白家老母亲过世，正讨论扶灵回香港的事，白的情敌、自称印度公主的萨黑黄妮本已要求范柳原跟她一起去了英国，却突然出现。）

　　1 白流苏：（听到响动，迅速转头，看到萨，吓了一跳，本能地

后退）

　　2 萨黑荑妮：（继续地）骨子里终究是弱的，遇上点事儿，总想靠住点什么。

　　→3 白流苏：你……

　　4 萨黑荑妮：（语气冷漠，带有一丝幽怨地）我回来了。

　　→5 白流苏：那……

　　6 萨黑荑妮：你想问范在哪里？

　　7 白流苏：（别过头去，默然地）

　　8 萨黑荑妮：他没有和我在一起。

　　9 白流苏：（猛然欣喜地抬起头）什么？他不是和你去英国了吗？

　　10 萨黑荑妮：（摇摇头）

（《倾城之恋》第三幕）

　　白流苏对萨的出现感到非常意外，话轮 3 是想问"你怎么会在这里"，对此萨完全理解。但话轮 5，白只说了一个字"那……"，萨虽然能够猜到意思，但并不能确信，因此才有话轮 6 的商榷，白"别过头去"就是默认，然后才有话轮 8 的进一步提供消息。

　　对于急收话语是否促进了听话人执行说话人的指令行为，我们倾向于认为有积极的作用，但由于语篇证据往往不明显，因此暂标注为"没有影响"。看下例：

　　（6）（语境：徐先生是商人，与商人范柳原是好朋友，两人合计要将白流苏的三哥、胆子很小的白三爷拉下水做军火走私的生意，并以白三爷欠徐的贷款为要挟，要求他就范。）

　　1 徐先生：三爷，你也是爽快人，我们明人不说暗话，你只是提供场地，我保证不会连累到你。事后嘛，那笔款子就算是酬劳，你看呢？

　　2 白三爷：这……

　　3 徐先生：你和范先生快成一家人了，难道你还信不过他？

　　4 白三爷：（胆气渐渐壮起来）

　　5 徐先生：所谓量小非君子，无毒不丈夫，乱世之中，不从中取利，枉为人啊！

6 白三爷：唉！我……

7 徐先生：三爷，我一直以为你是个热血汉子，可你现在推三阻四的，也太……唉！（站起身来）罢罢罢！（转身朝外走）

8 白三爷：好，我干！我白老三算是豁出去了。

9 徐先生：（得意地笑笑）好，三爷果然是豪爽，佩服佩服。

→10 白三爷：徐先生，这事儿……

11 徐先生：这事儿天知地知，你知我知，范先生知，其他人都不知。

→12 白三爷：万一……

13 徐先生：你就放宽心吧，咱们只需按计划行事。

14 白三爷：嗯（抓起桌上的酒，一饮而尽）。

（《倾城之恋》第二幕）

话轮 2、6、10、12，白三爷都使用了急收，这与他犹豫不决、胆小怕事的性格有关。徐先生通过威逼利诱，逐步让白就范。不过，反过来白也通过急收的方式要求徐保证不能让其他人知道，因为走私军火是犯罪行为。话轮 11 和 13，徐的保证很爽快，一方面是因为白已经答应入伙；另一方面也可能与白的话语方式有关。可作对比，如果话轮 10 和 12，白的话是"徐先生，这事儿你可不能让外人知道啊！""万一走漏消息呢？"徐可能会有不同反应，因为根据话语权势，徐明显处于强势，弱势一方在请求强势一方做有利于己方的事时如果采用直接的话语方式可能得不到预想的结果。因此，从这个意义上说，我们认为，本例中白的急收话语促进了听话人做出符合说话人预期的积极反应。

根据上述思路，我们通观了急收话语的指令类言语行为，得到的结果为："没有影响"47 处，"延缓"11 处，"促进"3 处。如果按百分比分别为 77%，18%，5%。也就是说，目前我们至少可以说，80%以上的急收话语不会影响听话人对说话人的指令行为做出反应，或者说听话人是理解其意义的。这也与第五章的结论相印证。

二　急收话语取得行事效果的机制

上一小节我们讨论了急收话语的行事效果，这里将简要分析其获得上

述效果的原因或机制。我们知道，指令类言语行为是典型的面子威胁行为
（face - threatening act，FTA），确切地说是威胁了对方的消极面子
（negative face），因为：

> 这些行为期待听话人将会做出某种行为，这就给听话人做（或
> 者不要做）某种行为带来了压力：
> （a）命令和请求（说话人表明他想听话人做（或者不要做）某
> 种行为）
> （b）建议或劝告（说话人表明他认为听话人应该（或可能）要
> 做某种行为）
> （Brown & Levinson，1987：65-66）

如果用于实施指令行为的语言也很直接的话就不利于维护听话人的消
极面子，因此"说话人通常不会使用完全直接的话语来实施威胁听话人
消极面子的行为"（同上：130），更何况"两岁半的孩子都会使用问题形
式甚至间接暗示的方式来行使指令行为"（Newcombe & Zaslow，1981，转
引自 Brown & Levinson，1987：37）。也就是说，在实施指令行为的时候，
说话人倾向于使用间接或者暗示的话语方式以维护听话人的消极面子，并
使自己的交际需求更有可能得到满足。如果我们回顾上面的急收话语例
子，说话人不仅没把话说完，不少急收话语还有疑问的潜势，如"这小
报的事"（怎么办?）（例2）"只是这经费"（该谁出呢?）（例3）等。这
似乎表明，急收话语能够起到维护听话人面子、取得更好的行事效果的功
能。是否如此，还需进一步论证。我们认为，急收话语是通过模糊命题或
模糊语力的方式对指令话语进行了缓和，从而达到维护听话人消极面子、
取得更好的行事效果的交际目的。

　　所谓"缓和"（mitigation）就是"调整或降格的同义词，可定义为对
交际中某一参数的弱化的结果"（Caffi，2007：40）。Caffi（1999：888；
2007：95）区分了三种缓和：模糊命题（bushes）、模糊语力
（hedges）以及模糊指示来源（shields）。模糊命题就是采用某种手段使得
话语的内容变得模糊，不那么精确；模糊语力就是使用某种话语或手段使
得话语的语力（illocutionary force）减弱；模糊指示来源就是隐去话语的

来源，比如用"听说"而不是"听张三说"。观察本研究语料发现，行使指令行为①的急收话语的缓和基本只涉及模糊命题和模糊语力。下面分别举例说明。先举例说明模糊命题的情形：

（7）（语境：一九七六年夏某天，共产党员梅林与儿子欧阳平到了之前的部下何是非家。何是非现在是某进出口公司革委会主任，儿子何为与欧阳是好朋友，女儿何芸一直思念着分别多年的欧阳平。）

1 梅　林：从我六五年调到外地，就没见过嘛。秀英，身体好吗？

2 刘秀英：好，梅大姐，你可受罪了。

3 梅　林：你瞧，我这不是挺神气吗？

4 何　芸：梅伯母，这几年你们（看了一眼欧阳平）……

5 何　为：是啊，一下子音讯全无。

6 梅　林：无非是受了点风吹雨打嘛！老何，你没淋着点雨？

→7 何是非：啊，啊。梅大姐，你现在……

8 梅　林：遣散回乡了，在镇上每天扫地。

9 何　为：又是一大"新生事物"，十一级干部回家扫地。

（《于无声处》第一幕）

在"阶级斗争"中，梅林被打着阶级斗争的旗帜谋私的势力以"莫须有"的罪名关押多年，但始终对党忠诚。通过话剧后文得知，她是被投机分子、曾经的部下兼朋友何是非构陷。本例中，何是非显然对梅林母子的到来感到吃惊和不安，他很想知道对方现在的政治状况，担心影响到自己，又为自己的所作所为感到心虚，因此使用了急收进行暗示。虽然从话轮8可见梅林完全理解何的意图，并回答了他的疑问，但话轮7，何并没有表达一个完整的命题，只是一种基于语境的"说而不破"（蒋庆胜，2018）的暗示。急收话语虽然没有使用"缓和语"（mitigator）来模糊命题，但没有把命题说完整本身也是一种模糊方式，

① 其实不限于指令行为的急收话语，其他急收话语也如此，这里是为了与上文的论述相一致。

同样可以起到模糊命题的作用。试想，如果梅林不想回应何是非关于政治问题的请求行为的话，她完全可以说"我现在感觉挺好/心情挺不错"之类的话。这是因为，急收话语的省略部分是开放的，等于给了对方"选择"（option）（Lakoff，1973：298；Searle，1979：48）的空间。当然，说话人自己也有否定空间。如果梅林不愿意就此提供消息，何是非完全可以接着说"梅大姐你现在身体怎么样?"之类的寒暄话语，也是适合当前语境的。这正是我们多次提到的急收作为一种间接话语方式的"可否定"（deniability）（Weiser，1974；Weizman，1989；Drew，2011；Terkourafi，2013：214；等）特征。也就是说，急收话语可以通过模糊命题的暗示方式留给听话人以及说话人更多的选择余地，从而维护听话人的消极面子。

急收话语也可通过模糊或减弱语力的方式来减少对听话人的强迫，如下例：

（8）（语境：德家有一幢老宅子，位于商业区，为不少商人所眼红，但德家老头子不租不售，让一些商人颇费脑筋。德文满是德家三子，建筑公司工人，长期泡病号吃劳保。许亚仙是某快餐集团公关小姐，看上了德家的老房子，为靠近德家人，做了德文满的女朋友。欧日华是商业间谍，为打入德家给德家二女儿德文珠当起了临时工，并住在德家狗窝里。欧与许互相不认识，身份都没有暴露。德文满与徐亚仙刚在德家房子的观世台观景。）

［二人同下观世台，经院子进狗屋小过道。突然传来大声的狗叫。］

1 德文满：追星族，追星族，瞧谁来了……

［欧日华随声迎面而出，上。］

2 德文满：（吓了一跳）嘿，你……你是谁呀！

→3 欧日华：（微歉）我叫欧日华，是德文珠经理刚刚雇用的临时工，您是……

4 许亚仙：他是三少爷德文满，我是他的朋友。

5 德文满：（往里看看）哎呀，你怎么住我的狗窝里呀?

6 欧日华：鄙人跟追星族很友好，他不咬我，我也不咬它。

7 德文满：二姐真有把刷子，这屋怎么能住人呢，二百五！

(《北京大爷》第一场)

本例的有趣之处在于，同是问对方是谁，作为德家主人之一的德文满的话语是"你是谁呀！"（话轮 2），而作为下人的欧日华却只敢问"您是……"（话轮 3）。这显然跟话语双方的权势和地位有关。相比之下，德的话语语力很强，直接命令对方提供信息，而且不是问句（如"你是谁？"），而是祈使句（"你是谁呀！"），暗含责备。而欧的急收话语却把锋芒收掉，并称对方为"您"，语力也随之减弱，显示出说话人的尊敬态度。如果欧也针锋相对，问对方"你又是谁呀！"估计他连德家的狗窝也别想住下去了。

从上面两例，我们可以看到急收话语是通过模糊命题和模糊语力的方式来维护听话人的消极面子，从而获得更理想的行事效果。实际上，急收话语在模糊命题的同时也模糊了语力，从上面两例就可以看出，这里就不再举例说明了。我们还想结合急收的特征，进一步概括其缓和的机制。我们还想弄清急收的缓和方式有何特点。

为了凸显急收的缓和方式，有必要先梳理一下现有的缓和方式研究。Fraser（1980）最早对缓和的策略进行了总结，如第一类是间接地实施言语行为；第二类是语言距离（immediacy）策略；第三类是使用附加疑问句策略（详见 345-349）。Caffi（2007）虽然强调"要对缓和手段进行系统分类是注定要失败的任务，是因为分类对象本身的多功能性、索引性、矛盾性使然"（2007：264），但她还是花了较长的篇幅进行归纳，根据其提出的模糊命题、模糊语力和模糊指示源三分法来分类缓和手段（Martinovski，2006：2067）。Czerwionka（2012）也列举了能够用于缓和的手段，如话语标记语、词语、动词的时和体、句法构造、会话序列、韵律，甚至沉默都可以用来达到缓和的目的。限于篇幅，无法一一列举上述研究列举的所有具体手段。仔细考察这些分类后发现，急收没有被提及，也难以被归在现有分类下面。

任何分类都不可能穷尽列举所有的缓和手段，然而，归纳发现，现有文献中的缓和手段主要体现了两种方式：附加或替代。所有的缓和语（如"有句话不知当讲不当讲"）都是附加手段："缓和语的出现是多余或附加的，并不构成说话人希望传递的交际信息，也不是所在话语的语义内容，而是附属于某一主导言语行为的语用信息，也就是说，我们可将具有语用缓和功能的缓和语和主导行为进行分离"（冉永平，2012）。所谓替代就是转换话语方式，或者说基本等同于"间接言语行为"，比如用请求行为替换命令行为（如用"你能把盐递给我吗?"替代"把盐递给我!"）。如果"涉及消极效果的话语与涉及积极效果的话语比，语法更加复杂"（Kuiken，1981，引自 Caffi，2007：148）的话，再加上缓和本身就预设了某种消极性，那么，用替换方式进行缓和的话语一般情况下也是稀释或者增加话语内容进行缓和。而急收是通过减少话语而不是增加或替代内容进行缓和的。为了显示急收的特征，可举一例说明，并将该例与暗含的"正常"或"标准"（Vento et al.，2009：446）式及其他缓和方式进行对比：

(9)（语境：戏迷朱益明是将军府上混事的，上次来请梅兰芳去将军府唱戏不成，碰上梨园翘楚孟小冬女士也来拜访梅兰芳。梅、梦一见倾心，朱也看在眼里，当时就约定梅、孟到将军府唱《游龙戏凤》。）

［突然，一阵开怀地笑声传来。］

1 朱益明：（边笑边上）梅老板，将军府的轿子已经候在门外了。怎么着，上轿吧。

2 梅兰芳：麻烦朱先生亲自来一趟。（对福芝芳）你把那套白西装给我取来，我一会儿要用。

［福芝芳和葆琦下。］

3 朱益明：梅老板，为了看今天这出《游龙戏凤》，将军府都快挤爆棚了，客人们是望眼欲穿啦。

→4 梅兰芳：孟小姐那边……

5 朱益明：差不多也该出发了吧。

［福芝芳将白西服送上来后暗下。］

（《梅兰芳》第一幕）

话轮 2，梅兰芳让妻子福芝芳去取衣服，正是孟小冬上次送给他的。

话轮 4，梅兰芳并没正面回应朱的奉承话，对他而言观众爆棚不是什么新鲜事。可能他更关心的是孟小姐是否会如约而至，因此想确认一下，但又不便说得过于直白，因为说得太直白不仅威胁听话人面子，也会让自己的心思过于显露。后文可知，梅、孟二人此次相会后便同居，也许梅的急收也夹杂着对发妻福芝芳的愧疚吧。如果我们用直接指令式、附加式、替代式话语改写该句就可以更凸显急收的特点：

（10）a 请告诉我孟小姐那边是否会去。（指令式）

b 孟小姐那边也准备要去的吧？恕我冒昧请问。（附加式）

c 孟小姐那边有什么消息吗？（替代式）

d 孟小姐那边……（急收式）

a 是该句话语的直接表达，对听话人的面子威胁最大。b 句用缓和语"恕我冒昧请问"缓和了一下语力，但仍然要求对方回答。c 没有直接问孟小姐是否要去，只是请求对方提供消息，强迫程度低一些。而 d 作为急收话语，暗示了说话人想收回话语的态度，表现了说话人的"犹豫或踌躇"（昆体良，1920：407），似乎暗示说话人可以不必回答，也就是"提供选择"（give options）（Lakoff，1973：298）。而对于说话人来说，只有急收话语没有完全暴露说话人的意图，即急于想知道孟小姐是否要去，而 a、b、c 三句都显露无遗。

急收的这种信息缺省或减少属于语用省略，指"在话语交际中为了某种语用目的而有意进行的省略"（李小军，2011）。与一般性省略相比，急收的省略没有固定的语法要求，而一般性省略都是语法上的省略，有精确可恢复性标准和要求（Quirk et al.，1985：884-888；何自然、陈新仁，2004：252-253）。更本质的区别在于，一般性省略是省略了"低信息值"内容，而急收是省略"主要信息"（Carlson，2006：130-131）。那么，急收省略的"主要信息"有何特点？也就是说急收的通过省略什么内容来达到缓和的目的呢？

我们可再次观察例（10）中的缓和方式的对比，发现其他方式是具有面子威胁的话语信息（或可称为敏感信息）已经出现，而缓和手段就是围绕威胁信息进行的挽救工作。急收往往就是省略了具有面子威胁的敏感内容。概括地说，有别于替换或者附加手段对敏感内容进行调变的方式，急收是通过减少或省略话语的敏感内容（见 Berry，1954；Fahnestock，2011；Fomenko，2013；等）来进行缓和的，急收省略的位置似乎可概括为"面子威胁位置"（Face Threatening Position，FTP），即FTP 处一定是语义或语用上的敏感内容。我们可以把急收的运作机制概括为以维护受话人面子和/或自我服务为目标而在 FTP 处对话语的面子威胁内容进行省略，隐含地传递说话人意图、留给听话人选择空间从而取得更好的行事效果的交际过程。

第二节　急收话语的人际效果

上节讨论了急收话语的行事效果，本节拟侧重关注其人际效果。之所以说"侧重"是因为这些方面（即行事、人际与诗意效果）本难以分割，不过是为了论述的方便而权宜地分别阐述。秉承上一节的研究思路，本节仍首先举例说明急收话语的人际效果，然后分析其能够起到不同效果的原因或机制。

一　急收话语引起的人际效果分类

对于人际效果的分析，首先需要确定从哪些维度或方面来分析。在第二章我们提到过，为了增加分析的可靠性，拟借用 Haugh（2015：19）总结的间接话语的主要人际功能图（如图 7-1）。有必要首先解释一下图中的四个重要概念：参与者、关系、互动目标以及语言游戏（language play）。参与者主要指交际双方的身份、角色关系等，间接话语可以对身份及角色关系进行确认、协商、挑战等，还包括双方的权势关系等；关系指不同个体间的某种联系，比如亲密关系、疏远关系等，间接话语可对这些关系进行维持、促进或磋商；互动目标是指参与者的交际意图。间接话语可以用于协商或寻求一致意见，还可说服甚至操控他人；语言游戏就是语言的幽默、娱乐功能，也可以用于表示亲密关系，还包括间接话语的美学或修辞属性。（同上：17-19）

不过，上图适用于急收话语的人际效果分析吗？或者说，急收话语属于间接话语吗？Haugh（2015：1）在解释所举例子（就是急收话语，只

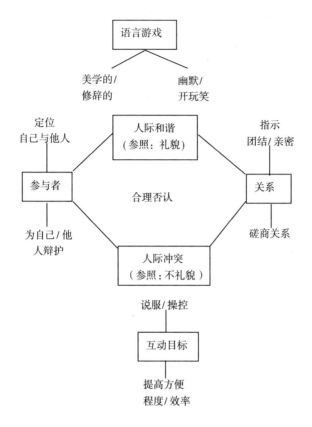

图 7-1   间接话语的主要人际功能图（重复图 3-3)

是 Haugh 没用此术语）时指出"在语用学中，这种'未言的结果'按格赖斯的术语称作'含意'"。我们知道，（会话）含意就是"说话人所说话语所表达或暗含的意义或命题，从严格意义上讲不属于说话人所说话语的一部分"（Huang，2014：31)，因而含意都是间接表达的意义。从此意义上说，急收话语省略部分的意义也属于以间接方式表达的意义。虽然我们对急收话语的意义是否属于含意存疑，但至少在 Haugh 那里，上图是适用于急收话语的人际功能分析的。但我们不必囿于细节，只取主要方面为我所用即可。

本小节主要观察急收话语对于参与者双方关系的指示或磋商。通过分析语料，我们发现急收话语可以引发如下人际关系效果：拉近距离，显示亲密，以及拉远距离。有必要说明的是，在上一章 6.3 节，我们已经讨论过急收话语的拉近/远人际距离的问题，在那里，我们主要是从说话人动机以及作为语境因素的说话人权势与身份的角度展开论述的。在这里，拟基于听话人反应来发现或证明急收话语是否或如何取得了期待的人际效果的。也就是说，研究内容有些相似，但视角不同。这也是研究的承接和推进的过程。下面分别举例说明。

（一）拉近人际距离。如下例：

（11）（语境：阮氏母女早年为张四达母亲收留做下人，后阮玲玉相貌出众惹张家少爷张四达喜欢，张母看不起阮的下人身份，百般阻拦。又诬陷阮母偷她光洋二十，张四达当场对母亲说二十光洋是他拿了，帮阮母解围。但她们还是被驱逐出张家，张四达花钱为她们租下房子安身。）

（鸿庆坊 134 号，阮氏母女暂栖之所。阮玲玉和张四达默默对坐着，良久，阮玲玉才抬起头来。）

1 阮玲玉：这么说，太太那二十块光洋不是你拿去了？

2 张四达：我哪里见过什么光洋呦！再说那天晚上我根本就没在家——你知道我去什么地方了？

3 阮玲玉：我怎么知道。

4 张四达：和你在一起。

5 阮玲玉：和我？

6 张四达：去参加崇德女校的恳亲会。只不过是你在台上，我在台下，你唱歌，我听歌。

7 阮玲玉：那天我两只眼睛只顾寻找阿妈，没有发现四少爷……

→8 张四达：（纠正她）要改叫……

9 阮玲玉：（顺其意）张先生！

10 张四达：对。我父亲是贵校校董，他正病着，我拿着请柬去了，为的就是……

11 阮玲玉：（没理会他的话）你，为什么要代我们母女承担罪名呢？

12 张四达：看见阮妈，（改口）哦，看见伯母跪在地上，我的心都碎了！还有你，哭得像泪人似的……

13 阮玲玉：（极为感动）还给我们这么好的房子住着，还拿钱接济我们。（一笑）那天我真不该拿话顶撞你——

（《阮玲玉》第三场）

从张四达的行为（为阮母开脱及帮她们租房）和话语（话轮 1、4、6），张四达一直在向阮靠近，而阮的"我怎么知道"（话轮 3）"和我?"（话轮 5）"四少爷"（话轮 7）等话语显示出她保持着与张的距离。话轮 8，张的急收不是为了避讳，而是要求对方回答，而阮终于"顺其意"改叫了"张先生"，这对张是一种接纳的信号，后面阮的表情和行为（极为感动的、一笑）也是证明。虽然不仅仅是依靠话语，但张确实用了急收来调节和操控二者关系，并取得了不错的效果，阮从此接纳了张，并成为他的恋人，这是后话。阮玲玉也使用过同样的方式拉近距离：

（12）（语境：导演穆天培对阮玲玉有知遇之恩，在她未成名前对她多有帮助。）

1 穆天培：（喊）阮小姐，阮小姐，快看大海！

（涛声阵阵，波光闪闪，此处正是探身于海的崖头。）

（阮玲玉上，她容光焕发，衣着尚朴素，但已是明星打扮。）

→2 阮玲玉：穆先生，你又忘了，应该叫我——

3 慕天培：阿阮！

4 阮玲玉：（答应）哎！

5 慕天培：大海，看见大海了！大海总是以它神秘莫测而又变化无穷的面孔迎接每一个光顾它的人。看见它，不由你不想起雄浑，深沉，爱与恨，生与死……

6 阮玲玉：穆先生，听你说的，真像作诗一样，我想的可简单啦！

（《阮玲玉》第八场）

本例急收话语的情形与上例基本相似，且在上一章我们也分析过该例，这里不赘述。有时候，急收的使用本身就显示了话语双方的亲密关系，在上面的分析图中属于"指示（indexing）团结/亲密"。在上一章我们也提到过类似现象，并赞同 Savoy（1995：299）的看法：急收与某些肢体语言或表情如信任的眼神一样，表示相互间的默契和理解。如：

(13)（语境：房东袁老板与老陶的妻子春花有私情。某天，袁老板送了一条被子到春花家。）

1 老　陶：嗯！袁老板！

2 袁老板：（愣住）老陶，你在家啊！

3 老　陶：啊！

4 袁老板：（自言自语）那我今儿可费事儿了。

5 老　陶：什么？

6 袁老板：哦，我是说你可好啊？

7 老　陶：托福，婚姻生活美满！

8 袁老板：那就好哇！

→9 春　花：（在桌子上）袁……（袁老板示意老陶在场）老板。

→10 袁老板：哎！花儿……（春花示意老陶在场）春花。

11 春　花：（在桌子上温柔地）来，上来玩儿吧。

→12 袁老板：（走到两人中间）我看还是你下来看看我买了什么东西送给你——（看老陶）们。

（《暗恋桃花源》第二幕）

本例体现了《暗恋桃花源》的喜剧色彩，虽然有些娱乐和夸张的成分，但这并不影响话语表意。话轮 9、10、12 的急收加上后面的某种"自然"修补，是为了欺骗老陶，"袁……""花儿……""送给你……"无不弥漫着亲密和暧昧的气息，显示了两人的特殊关系。也如 Shears（2008：184）所言：

使用急收作为行为的一部分表明说话人在隐瞒，但其意图是显示一种高级形式的理解。

[T] he use of aposiopesis is part of a performance that reveals igno-rance but is intended to suggest a superior form of understanding.

（二）疏远人际关系。除具有拉近距离的人际效果外，急收话语还可取得疏远听话人的效果，比如：

（14）（语境：繁漪正与刚到周公馆来看女儿四凤的鲁妈闲聊，周朴园来叫繁漪。）

［朴园由书房上。］

1 周朴园：繁漪！（繁漪抬头。鲁妈站起，忙躲在一旁，神色大变，观察他。）你怎么还不去？

2 繁　漪：（故意地）上哪儿？

3 周朴园：克大夫在等你，你不知道么？

4 繁　漪：克大夫，谁是克大夫？

5 周朴园：跟你从前看病的克大夫。

6 繁　漪：我的药喝够了，我不预备再喝了。

→7 周朴园：那么你的病……

8 繁　漪：我没有病。

9 周朴园：（忍耐）克大夫是我在德国的好朋友，对于妇科很有研究。你的神经有点失常，他一定治得好。

10 繁　漪：谁说我的神经失常？你们为什么这样咒我？我没有病，我没有病，我告诉你，我没有病！

11 周朴园：（冷酷地）你当着人这样胡喊乱闹，你自己有病，偏偏要讳病忌医，不肯叫医生治，这不就是神经上的病态么？

（《雷雨》第二幕）

周朴园对妻子繁漪所说的话语耐人寻味，他几乎没有用到关于对方身体状况的词，而是一直强调对方的"病"，如话轮 7 关注的是"你的病……"而非"你的身体"，话轮 9、11 也是如此，甚至把成语"讳疾忌医"也改为"讳病忌医"。实际上繁漪确实没什么病，不过是周一味地强加与暗示。话轮 7 的急收话语似乎隐去了在周看来微不足道的东西，是为了凸显"你的病"，强加给对方病人的身份，没有关心的味道，而是一种冷冰冰的感觉，甚至弥漫着恐惧的气息，从而造成一种非常疏远的关系。从繁的角度看，周的持续逼迫自然让她更加感到失望和恐惧。事实上，周确实是在以此折磨繁漪。再如：

（15）（语境：黑子没有正当的工作，有些自卑，觉得无法给恋人蜜蜂好的未来，因此想跟蜜蜂分手。如今，在一列由好友小号当见习车长的货运列车上，黑子受车匪蛊惑准备协助偷车上的货物，他就更加不愿意拖累蜜蜂了。）

1黑子：我不能委屈了你，让你跟着我受苦。

2蜜蜂：黑子，别这么说，我愿意。

3黑子：不！我不愿意。这之前，你不要把我们的关系告诉小号。

4蜜蜂：（闭上眼睛，撒娇地）我要让他明白，让他死了那份心。

5黑子：（急躁地）不要告诉他！

6蜜蜂：（也凝视着他）为什么？

7黑子：（和缓地）等我们结婚的时候再告诉他。你答应我。

8蜜蜂：（固执地摇头）我不！

9黑子：（抓住她的胳膊，摇着她）你答应我！你明白吗？

10蜜蜂：（猛烈地摇头）不明白！

→11黑子：（迟疑地）小号对我说过……

12蜜蜂：（扬起眉头）说什么？

13黑子：说他爱你……

14黑子：（发狠地）你同他在一起会比跟我幸福的！

15蜜蜂：你不应该说这样的话！不应该说这样的话！（使劲挣脱他，呜咽着跑下）

（《绝对信号》独幕剧）

从黑子的话轮（1、3、5、8）看，他一直在铺垫一件事，就是劝蜜蜂不要把他们的关系告诉小号，因为他知道小号也喜欢蜜蜂，但蜜蜂的对应话轮全是反对他的意见，到话轮11，根据他"迟疑"的行为判断，他要说更激进的话了。话轮11和13本当是连在一起的，但黑子选择了急收，实在不想说出口。他知道，说出来就是彻底把蜜蜂拒绝，而把她推向小号，结果他的目标达到了，蜜蜂"使劲挣脱他，呜咽着跑下"（话轮

15)。

二 急收话语引发人际效果的原因

上面主要从人际关系的角度论述了急收话语引起的人际效果，包括拉近关系、显示亲密以及疏远关系。也可换一个维度，从图 1 中的礼貌与不礼貌角度看急收话语是如何造成上述人际效果的。从图中可见，参与者及各方关系因间接话语的影响表现出关系的和谐与冲突，而和谐与冲突与话语的礼貌与否直接相关。在 Searle（1979：4）及 Leech（1983：108）那里，间接话语的主要动因就是为了礼貌，礼貌成了间接话语表达的含意的一部分。不过，Haugh（2015：2）认为，礼貌本身不是含意的一部分，而是"以隐含的方式表现出礼貌的立场或态度的某些情形"，他称为"礼貌含意"（politeness implicature）。既然是"某些情形"就意味着这种含意不总是礼貌的，也可能表达不礼貌的含意，或者说，礼貌与语言形式无直接关联，而是一种"互动实践"（interactional practice）（同上）。在不同的情形下，间接话语能表达礼貌含意，也能表达不礼貌含意（同上）。

虽然在第五章论述说话人选择急收话语的动机时我们没有专门指出说话人的礼貌意图，因为急收选择的动因多种多样，但急收话语确实可以体现礼貌动机：

> 急收是一种说话人从话语中断开且不愿意继续下去的修辞格，其原因很多，但常常是为了避免违反礼貌原则。
>
> It is a figure of breaking off and declining to continue the utterance for various reasons, quite commonly to avoid a breach of the Politeness Principle (Chrzanowska-Kluczewska, 2014：114).

这也是因为急收话语也具有间接话语的重要特征：可否定性。这也证明为何急收话语"常常出现在直接话语中"（Berry，1954：186），因为急收后，直接话语就被一定程度地间接化了。而可否定性这一特征在图 7-1 中［我们翻译为"合理否认"（plausible deniability）］居于核心位置。结合间接话语与 Haugh（2015）的"不/礼貌含意"概念，我们更清晰地认识到，虽然急收话语的选择经常是为了礼貌，但也不总是礼貌的，在某些互动实践中也可表达不礼貌含意。由于是以"含意"方式传递的礼貌或不礼貌信息，因此给听话人的感觉就不如直接话语那么强烈，这也正是急收话语的特征。下面，我们就礼貌与不礼貌两方面，分别举例简述，以证明为何急收话语可以取得上小节所述的人际效果。

如果做一个简单对应，拉近关系在一定程度上是急收话语表达了礼貌含意的结果，而疏远关系就是表达了不礼貌含意的结果。由于亲密关系是关系近的一种，因此不单列讨论。对于急收表达礼貌含意的情形，如下例：

　　（15）（语境：周萍因为怕和继母繁漪的情感纠葛被父亲发现，打算离开周公馆去矿上，但也不打算带四凤过去，四凤要求与周萍一起，并担心周萍走后二少爷周冲会进一步催促自己表态是否愿意嫁给他。）

　　1 四凤：你知道我不喜欢，我愿意老陪着你。

　　2 周萍：可是我已经快三十了，你才十八，我也不比他的将来有希望，并且我做过许多见不得人的事。

　　3 四凤：萍，你不要同我瞎扯，我现在心里很难过。你得想出法子，他是个孩子，老是这样装着腔，对付他，我实在不喜欢。你又不许我跟他说明白。

　　4 周萍：我没有叫你不跟他说。

　　→5 四凤：可是你每次见我跟他在一块儿，你的神气，偏偏——

　　6 周萍：我的神气那自然是不快活的。我看见我最喜欢的女人时常跟别人在一块儿。哪怕他是我的弟弟，我也不情愿的。

　　7 四凤：你看你又扯到别处。萍，你不要扯，你现在到底对我怎么样？你要跟我说明白。

　　8 周萍：我对你怎么样？（他笑了。他不愿意说，他觉得女人们都有些呆气，这一句话似乎有一个女人也这样问过他，他心里隐隐有些痛）要我说出来？（笑）那么，你要我怎么说呢？

　　9 四凤：（苦恼地）萍，你别这样待我好不好？你明明知道我现在什么都是你的，你还——你还这样欺负人。

（《雷雨》第二幕）

话轮 5，四凤没有说完，但我们知道没有说的话是负面评价话语，如"你的神气，偏偏那么难看/奇怪/不高兴"等。从地位上看，四凤是下人，周萍是大少爷，他们的恋人关系也因担心得不到家人的许可而偷偷摸摸，说到底是社会权势和距离的差距造成的。因此，四凤如果公然指责或评价周萍是不礼貌的，对不礼貌话语部分进行省略就是为了礼貌，这不难理解。从听话人反应（话轮 6），周萍承认自己"自然是不快活的"，说明他理解了四凤的话，而且感受到对方的某种软化和不想冒犯他的态度，因此没有觉得被冒犯。再如下例：

（16）（语境：许凌翔是丰德票号股东，副总经理，老太太是丰德票号总经理马洪瀚的母亲。许的儿子许昌仁与马洪瀚和凤鸣的女儿瑶琴有婚约，但许已经知道儿子出国留学期间已经有女朋友了，但马家人还不知道。许刚到马家去给老太太请安。）

1 老太太：唉，我老了……人老了，就爱唠叨，让人烦。

2 许凌翔：不烦，我就爱和姑妈说话。

3 老太太：说不唠叨，还得唠叨，昌仁呢？

4 凤　鸣：他怎么没跟你一块儿来啊？

5 许凌翔：昌仁他没跟我坐同一趟车。

6 老太太：瑶琴可等着他下楼呢！他俩的婚事，你这当爹做公公的可不能马虎！

→7 许凌翔：（面露难色）这……

8 老太太：什么这啊那啊，你要再不赶紧着，小心我可把我孙女嫁给别人了！

9 凤　鸣：娘！

10 老太太：（自觉失语）……

（《立秋》第二章）

话轮 7，许的本意是拒绝，因为他已经知道昌仁不可能娶瑶琴了，但两家人又有多年的婚约，不是说拒绝就能拒绝的，所以，他不敢说他做不到，也不敢欺骗对方而满口答应，只能暂时搪塞过去，因此"面露难色"，又用了急收进行暗示，避免生硬的拒绝而使对方没有面子，也是为了礼貌。有趣的是，有时候间接话语不仅使说话人有否认的余地，对听话人来说也有类似效果。话轮 8，老太太说"什么这啊那啊"就是顺势而为，装着没听懂，意在告诉对方按婚约办事。从话轮 8 老太太的回应看，许凌翔的话语至少没有造成不良的人际后果，单从这一点看，话轮 7 的目标是实现了的。

除了通过礼貌维持人际和谐外，急收话语还能够表达不礼貌含意，达到威吓等目的，造成疏远的人际效果。虽然在第一章文献综述部分我们提到已有研究发现急收除了礼貌外，还有"威胁"（Dimit，2006：164）功能，但还未有研究提到过急收话语的不礼貌含意。先看下例：

（17）（语境：周萍在决定去矿上，离开前夜跑到四凤家要见她。）

1 四　凤：（恳求地）那你不要进来吧，好不好？

2 外面的声音：（转了口气）好，也好，我就走，（又急切地）可是你先打开窗门叫我……

3 四　凤：不，不，你赶快走！

4 外面的声音：（急切地恳求）不，四凤，你只叫我……啊……只叫我亲一回吧。

5 四　凤：（苦痛地）啊，大少爷，这不是你的公馆，你饶了我吧。

6 外面的声音（怨恨地）那么你忘了我了，你不再想……

7 四　凤：（决定地）对了。（转过身，面向观众，苦痛地）我忘了你了。你走吧。

8 外面的声音：（忽然地）是不是刚才我的弟弟来了？

9 四　凤：嗯！（踌躇地）……他……他……他来了！

10 外面的声音：（尖酸地）哦！（长长叹一口气）那就怪不得你，你现在这样了。

11 四　凤：（没有办法）你明明知道我是不喜欢他的。

→12 外面的声音：（狠毒地）哼，没有心肝，只要你变了心，小心我……（冷笑）

13 四　凤：谁变了心？

14 外面的声音：（恶躁地）那你为什么不打开门，让我进来？你不知道我是真爱你么？我没有你不成么？

15 四　凤：（哀诉地）哦，大少爷，你别再缠我好不好？今天一天你替我们闹出许多事，你还不够么？

（《雷雨》第三幕）

周萍想进屋不成，开始找茬。当得知也喜欢四凤的弟弟周冲也来找过四凤后，周萍开始讽刺（话轮10），到话轮12更是变成了威胁。正如 Alexander（2006：40）所提到的那样，"急收省略比明说更有力量，更具效果"，周萍的急收比明说更让人感受到他的愤怒和敌意，比如"只要你变了心，小心我对你不客气"就比急收的力度差多了。从（不）礼貌角度看，周萍的威胁加冷笑当然是传达了不礼貌含意，四凤自然也能感知到。从四凤"没有办法"（话轮11）及"哀诉地"（话轮15）语气加上怕吵醒正在隔壁睡觉的父母可知，她不想与周萍针锋相对，只想他快点离开，因此对于周萍的威胁，她只说"谁变了心？"既像反诘，也像斥责，还像安慰，反映了四凤当时复杂的心情。再如：

（18）（语境：四凤的父亲鲁贵经常赌钱，输了就找女儿四凤要。）

1鲁贵：四凤，别——你爸爸什么时候借钱不还账？现在你手上方便，随便匀给我七块八块好么？

2四凤：我没有钱。（停一下放下药碗）您真是还账了么？

3鲁贵：（赌咒）我跟我的亲生女儿说瞎话是王八蛋！

4四凤：您别骗我，说了实在的，我也好替您想想法。

5鲁贵：真的？——说起来这不怪我。昨天那几个零钱，大账还不够，小账剩点零，所以我就要了两把，也许赢了钱，不都还了么？谁知运气不好，连喝带赌，还倒欠了十来块。

6四凤：这是真的？

7鲁贵：（真心地）这可一句瞎话也没有。

8四凤：（故意挪揄地）那我实实在在地告诉您，我也没有钱！（说毕就要拿起药碗）。

9 鲁贵：（着急）凤儿，你这孩子是什么心事？你可是我的亲生孩子。

……

10 四凤：好吧，那么您说吧，究竟要多少钱用。

11 鲁贵：不多，三十块钱就成了。

12 四凤：哦，（恶意地）那您就跟这位大少爷要去吧。我走了。

13 鲁贵：（恼羞）好孩子，你以为我真装糊涂，不知道你同这混账大少爷做的事么？

14 四凤：（惹怒）您是父亲么？父亲有跟女儿这样说话的么？

→15 鲁贵：（恶相地）我是你的爸爸，我就要管你。我问你，前天晚上——

16 四凤：前天晚上？

17 鲁贵：我不在家，你半夜才回来，以前你干什么？

18 四凤：（掩饰）我替太太找东西呢。

19 鲁贵：为什么那么晚才回家？

20 四凤：（轻蔑地）您这样的父亲没有资格来问我。

（《雷雨》第一幕）

鲁贵要钱不成就开始对女儿恶语相向，话轮 15，为逼四凤就范，鲁贵强调自己的父亲身份，以父亲理所当然可以管孩子为名揭露四凤的隐私。如 Sullivan（2008：4）所说，"急收常常作为强调手段被称赞，但还可用于表示不尊重和简慢"。鲁贵不一次说完，而是慢慢紧逼，装出一副知晓一切的模样，急收话语正好为其所用。Keller（2010：402）援引昆体良的描述称，急收可以达到"如果是说话人说出来的，听话人可能不相信，如果是听话人自己推理出来的，他却很相信"的效果。鲁贵故意不说完，让四凤自己去想，因为听话人可能"放大"（magnify）说话人没有说的部分（Kim，2013：37）。话轮 16 四凤还在强撑，到了话轮 18 开始掩饰，内心已经开始害怕了，但因此而进一步讨厌鲁贵（话轮 20）。虽然鲁贵的身份是父亲，不必对女儿客气，但鲁贵"前恭后倨"的说话方式令四凤讨厌。

从上述例子可以看到，急收话语（自然要连同其他话语）能够起到拉近或疏远人际关系的效果，主要原因是急收既可表达礼貌含意，也可表达不礼貌含意，虽然不礼貌含意往往"表面上看是不经意的"（ostensibly 'unintended'）（Haugh，2015：3）。不管说话人表现得礼貌还是不礼貌，说到底似乎都印证了"语用平衡"假设（陈新仁，2004a），说话人会综合考虑自身权势以及话语的语力与对方的相对权势等来选择合适的话语手段以维持语用平衡，从而更好地实现自己的交际需求。从这个角度上看，只要没有对听话人的行事行为造成消极影响的急收话语，我们认为都是成功的。

第三节　急收话语的诗意效果

上面讨论了急收话语的行事效果和人际效果，本节重点关注急收话语的诗意效果。首先明确诗意效果的描写（方法），然后再具体讨论急收话语的诗意效果。

一　诗意效果的描写

通过梳理现有文献我们认识到，对于诗意效果的描述可能主要靠"观察者"视角，当然也要结合听话人的言语和行为反应。在线交际的话语由于要求立刻做出反应，双方多出于实用目的进行语言交互，往往没有足够的时间或兴趣去品味话语的诗意效果。对于文本话语来说，是读者而非文本对话中的听话人更有可能感受到话语的诗意效果。这似乎与一条审美原则密切相关，即"审美不涉利害"。康德（1987：40）说，"凡是我们把它和一个对象的存在之表象结合起来的快感，谓之利害关系。因此，这种利害感是常常同时和欲望能力有关，或是作为它的规定根据，或是作为和它的规定根据必然地联结的因素"。朱光潜（1987：18）也认为"持实用的态度看事物，它们都只是实际生活的工具或障碍物，都只能引起欲念或嫌恶。要见出事物本身的美，我们一定要从实用世界跳开，以'无所为而为'的精神欣赏它们本身的形象"。具体到本研究，这一点给我们造成的困难在于，我们可能难以从"身在此山中"的听话人话语那里得到足够的语篇证据来发现说话人话语的诗意效果，而大多只能依赖我们作为读者的感受。

　　虽然诗意效果有较为常规的描写方法，但其特点是较为个体化和主观。Yus（2002：622）在谈到诗意效果时认为"对于任一个具体的读者或听话人，无法预测何种假定是最凸显的，这完全取决于具体、特定的语境"，这给我们对急收话语的诗意效果的分析带来挑战。由于诗意效果是一种比较个人化、情景化且较为复杂的一种"感觉"，因此，很难对其进行系统地分类讨论，这也可能是为何到目前为止还没有研究讨论过诗意效果的分类的原因。不过，根据 Sperber 和 Wilson（1995：217-224）对同义反复的诗意效果的讨论以及 Pilkington（2000：100-111）对隐喻的诗意效果的描述方法看，主要在于列举从看似不关联到关联过程中的一系列衔接性弱暗含，这一系列的弱暗含就会引发诗意效果。下一小节，我们可以体会急收话语使用者为何不说完，在此过程中我们获得了怎样的感受，这些感受就是弱暗含，也就是在体会诗意效果。不过，由于每个例子都可能有不同的诗意效果，无法将本研究的所有语料一一列举，只能根据语料所显示的某些类别，结合典型例子来进行讨论，以起到基于语料的诗意效探析的例示作用。

二　急收话语的诗意效果例析

　　前面提到，急收话语的特征之一就是理解的（部分）开放性。所谓"开放性"就是"一个表达在某人那里可能引发的具体想法的数量"（Lagerwerf & Meijers，2008：19）。这种开放性与弱暗含相关，"弱暗含的引发是与开放性而不是复杂性（complexity）联系在一起"（同上：28）。我们知道，诗意效果主要就是由弱暗含引起的，话语的理解开放性与诗意效果有很大关系。急收话语由于没有说完，因而理解上具有一定程度的开放性。因此，我们可以观察说话人实施的言语行为是否在听话人以及读者那里激起了丰富的弱暗含从而获得某种诗意感受。

　　Pilkington（2000：192）称"基于语用的诗意效果阐释能够让我们对什么是诗意思维有一个更清晰的认识"。其依赖的主要是关联理论的弱暗含概念。上文提到，弱暗含基本上是听话人或读者的某种感觉，这种感觉甚至不必是说话人想传达的意思。我们从读者的立场，在观察和体会了部分急收话语的诗意效果后，认识到诗意效果显然无法穷尽，也难以归纳，也许每一例急收话语都有不同的诗意效果。不过，遍览本研究的急收话语，有一种倾向十分明显，就是不少急收话语浸淫着一种"哀愁美"①（田晓膺，2004），"与快乐相比，哀愁是一种更深刻、更沉重的审美情绪，它揭示的是对世俗世界的焦虑与不满以及对另一个更高世界的渴望与关怀"（同上）。在本研究的语料中体现为说话人对社会现实的控诉、对个人命运的无奈、对某种事态的矛盾心理以及对某些临时事件处理的虚伪等基本模式。我们对这些模式的归纳和分析都是采用了参与者视角（又称"一阶视角"（first - order perspective）（Culpeper & Haugh，2014：11））和观察者视角［也称"二阶视角"（second-order perspective）（同上）］相结合的"整合语用学"（integrative pragmatics）（同上）视角。具体说来，我们这里所谓的急收话语引起的②"哀愁"既可能是话语方的哀愁，也可能是读者感受到的哀愁，也不排除是二者都体会到的感受。例析如下：

一是说话人对社会现实的欲诉无言引发的哀愁，例如：

（19）（语境：某个大雪的晚上，拉人力的车夫们收工后围在车厂主女儿虎妞家的火炉边烤火聊天。）

1 铁　旦：二叔！您拉了多少年的车？

→2 二强子：从打光绪末年北京城一兴洋车起，我搁下又拾起来前后足够三十年。这个行当，苦透了顶也寒透了心！混到如今……唉！

3 小顺子：有一天，人不骑在人的脊梁上，只有坐车的，没有拉车的，那日子该多好啊。

4 二强子：妄想，都坐车，谁拉呀？还有那日子！

5 小顺子：有！满街上尽是汽车、电车、摩托车，人不再当牲口！

6 铁　旦：那我也去开汽车，开电车多好！

7 虎　妞：哟，瞧美的你！还要开飞机呢！

---

① 与"悲剧美"等概念类似，本书不使用"悲剧美"，原因是避免把读者引向对本研究所用话剧体裁的关注，这不是本研究要讨论的重点。

② 我们强调急收话语在具体的语境下有助于传递某种"哀愁美"，但并不是说急收本身具有这种功能。

8 铁　旦：飞机也是人开的！

9 二强子：（深沉地）小顺子，你说，真能有那日子啊？

（《骆驼祥子》第三幕）

从听话人或者读者的角度，我们自然希望说话人把话说明白，以节省我们的处理心力。但当遇到话轮 2 "混到如今……"这样的话，我们也不必纠结后面到底要说什么，无非是 "混到如今却是这般模样／一事无成"等。如《楞伽经》卷一说，"当依于义，莫著言说"，意思是应当领悟意思，不要执着于语言概念。对于本例，我们只需体会说话人对于社会现实的极端失望的心情。或许可以获得如下感受（或者称急收话语引起的弱暗含）：

说话人有太多话要说，述说不完，不如不说；

说话人感觉自己的苦楚不说听话人也知道；

说话人感叹拼命跑了一天得几个铜板还不够养活家人；

说话人认识到挣扎了大半生却改变不了生活；

说话人发现自己年轻力壮的时候都没能改善生活，如今老了更不可能了；

说话人知道有很多不劳动的人过着富足的生活；

说话人痛恨当时的世道；

说话人希望有改变的一天；

……

这样的体会还可以继续下去，且不同的读者可能有不同的感受。Pilkington（2000：160）指出 "诗意效果与情感间有直接的联系"。听话人或读者通过话语感受到的某种情感自然就与话语的诗意效果连在一起了。因为比铁旦、小顺子、虎妞都年长，二强子对社会现实体会最深刻，因此对未来也最不信任，这种失望的情感／情绪体现在语言里就是千言万语不如不说（话轮 2），或者是 "妄想！"（话轮 4）"真能有那日子啊？"（话轮 9）的拒斥或疑问。并非过度解读，而是看到说话人的话语及说话方式就能体会到他们的社会现实与个人的命运。这样的例子在本研究的语料中并不少见，再如：

（20）（语境：一辈子忙着做实业的几个人无不落得个一事无成、晚景凄凉，某日又在王利发的茶馆偶遇，相互大倒苦水。）

1 王利发：当初，我开的好好的公寓，您非盖仓库不可。看，仓库查封，货物全叫他们偷光！当初，我劝您别把财产都出手，您非都卖了开工厂不可！

2 常四爷：还记得吧？当初，我给那个卖小妞的小媳妇一碗面吃，您还说风凉话呢。

3 秦仲义：现在我明白了！王掌柜，求您一件事吧：（掏出一二机器小零件和一支钢笔管来）工厂拆平了，这是我由那儿捡来的小东西。这支笔上刻着我的名字呢，它知道，我用它签过多少张支票，写过多少计划书。我把它们交给你，没事的时候，你可以跟喝茶的人们当个笑话谈谈，你说呀：当初有那么一个不知好歹的秦某人，爱办实业。办了几十年，临完他只由工厂的土堆里捡回来这么点小东西！你应当劝告大家，有钱哪，就该吃喝嫖赌，胡作非为，可千万别干好事！告诉他们哪，秦某人七十多岁了才明白这点大道理！他是天生来的笨蛋！

4 王利发：您自己拿着这支笔吧，我马上就搬家啦！

5 常四爷：搬到哪儿去？

6 王利发：哪儿不一样呢！秦二爷，常四爷，我跟你们不一样：二爷财大业大心胸大，树大可就招风啊！四爷你，一辈子不服软，敢作敢当，专打抱不平。我呢，作了一辈子顺民，见谁都请安、鞠躬、作揖。我只盼着呀，孩子们有出息，冻不着，饿不着，没灾没病！可是，日本人在这儿，二栓子逃跑啦，老婆想儿子想死啦！好容易，日本人走啦，该缓一口气了吧？谁知道，（惨笑）哈哈，哈哈，哈哈！

→7 常四爷：我也不比你强啊！自食其力，凭良心干了一辈子啊，我一事无成！七十多了，只落得卖花生米！个人算什么呢，我盼哪，盼哪，只盼国家像个样儿，不受外国人欺侮。可是……哈哈！

8 秦仲义：日本人在这儿，说什么合作，把我的工厂就合作过去了。咱们的政府回来了，工厂也不怎么又变成了逆产。仓库里（指后边）有多少货呀，全完！哈哈！

　　9 王利发：改良，我老没忘改良，总不肯落在人家后头。卖茶不行啊，开公寓。公寓没啦，添评书！评书也不叫座儿呀，好，不怕丢人，想添女招待！人总得活着吧？我变尽了方法，不过是为活下去！是呀，该贿赂的，我就递包袱。我可没有作过缺德的事，伤天害理的事，为什么就不叫我活着呢？我得罪了谁？谁？皇上，娘娘那些狗男女都活得有滋有味的，单不许我吃窝窝头，谁出的主意？

（《茶馆》第三幕）

　　王利发在话轮 6 总结了几个人的特点，秦仲义代表着有气魄、有想法的实业家，办企业有风险也算正常，常四爷是见不得不平的好汉，难免惹麻烦得罪人，而他自己是恭顺逢迎的小人物，生怕惹了谁，且时刻想着改良，却都没落得好下场，意味着条条都是死路。在黑暗的社会环境下，半生挣扎不过换来一声叹息！Newbould（2008：2）认为急收"什么也没明说，但却激起一系列未明说的可能性"。本例中，几个人的对社会的控诉全都概括在话轮 7 常四爷的"我盼哪，盼哪，只盼国家像个样儿，不受外国人欺侮。可是……哈哈！"里了。

　　二是对个人命运无可奈何引发的哀愁，如下例：

　　（21）（语境：曾经热恋的两个人不会想到，一次很平常的分别后再次相见已经是几十年后了，还是通过寻人启事找到的。昔日的青春少年如今已是风烛残年的老人了。江滨柳躺在病床上，身患绝症，只盼再见一次之凡。她看到寻人启事后来到医院。）

　　1 江滨柳：你什么时候看报纸的？

　　2 云之凡：嗯？

　　3 江滨柳：你什么时候看的报纸啊？

　　→4 云之凡：今……登的那天就看到了。

　　5 江滨柳：身体还好？

　　6 云之凡：还好。

　　7 云之凡：去年动了一次手术，没什么，年纪大了。前年都做了外婆了。

8 江滨柳：我还记得……你留那两条长辫子。

9 云之凡：结婚第二年就剪了。好久了。

→10 江滨柳：想不到，想不到啊！好大的上海，我们可以在一起，这小小的台北……

11 云之凡：（看表）我该回去了。儿子还在外面等我。（起身走）

12 江滨柳：之凡……这些年，你有没有想过我？

13 云之凡：（侧脸）我……我写了很多信到上海。好多信。后来，我大哥说，不能再等了，再等，就要老了。（转回身）我先生人很好。他真的很好。　（江滨柳伸手，两人握手）我真的要走了。（出门）

（《暗恋桃花源》第六幕）

从上海到台湾，两人其实一直都在一片土地上，却相互不知。已至暮年的江滨柳最后听说云之凡也在台湾，赶紧登寻人启事。几天后，之凡终于出现了。江很想知道之凡是什么时候看到报纸的，他可以根据之凡看到报纸的时间及来见他的时间差判断自己在她心中的位置，如果一看到就来了，表明对方反应很积极，反之则显得自己没那么重要了。话轮 4，之凡的回答耐人寻味，她本想说是"今天"，但赶紧急收，改口说是登报那天就看到了。Shears（2008：184）发现急收能够给读者造成作者就在眼前的印象，省略部分让读者参与意义的创造。本例中，当读到话轮 4 时，我们不禁要进一步思考，她为什么要改口？可以推测，之凡是一看到报纸就来了，但只能把对江的爱压在心底，都是结了婚的人，各有自己的家庭，已经不可能回到当初了。因此她说是早就看到了，不过是今天才来。很显然，之凡希望江明白现实，因此平淡地告诉对方自己的现状。话轮 10，滨柳又回忆往事，感叹现实的无奈，之凡如何不知滨柳的心思，自己如何不是这么想的。她只是不想让自己的爱变成对方扼腕、后悔的负担，只能用现实来提醒对方。之凡这种出乎意料的平静和逃避让结局浸透着哀愁，让人感叹对命运的无可奈何。诗意效果创造的是一种印象而不是传递知识（Sperber & Wilson，1995：224；Pilkington，2000：165），或者说就是让我们体会某种感觉，而不是从中得到什么新的知识，因此，上述描写并非无意义的闲谈，而是对急收话语诗意效果的探求。

三是说话人面对某种消息的负责、矛盾的心理引发的哀愁感。例如：

（22）（语境：阮玲玉因为张四达的最初的接济和帮助，成了张的女朋友。后来阮一路走红，成为冉冉升起的明星，张却无所事事，游手好闲，没钱了就找阮玲玉要，让后者感到失望。某天，张跑到阮的电影拍摄处找她。）

1 张四达：阿玉！

2 阮玲玉：（意外的）四达，你怎么来了？

3 张四达：……出来这么多日子了，阿妈不放心，让我来看看。再说，我也想你……

4 阮玲玉：真没道理！我好不容易托人给你找到那个影院经理的事由，公务要紧，怎么好随便离开呢？（察看）你，有事吧？

5 张四达：没事，没事……你能不能现在跟我回去？

→6 阮玲玉：刚来此地，工作还没开始，怎么能回去？不，你一定有事瞒着我，是不是阿妈她……

7 张四达：不是……你不回去也行，你身上有没有钱？

8 阮玲玉：四达，到底是怎么回事？

9 张四达：怎么回事？问你自己吧！是你给我找的好差事，现在让人拿下了，还要我赔偿损失一千五百块。

（《阮玲玉》第八场）

作为听话人或读者，每当说话人的话语偏离常规期待，如话轮 6，除了弄清省略的话语意义外，我们还会想她为什么要这么说，也就是在体会话语的诗意效果了。话轮 5，张有意闪烁其词，并要求阮回家。阮见他老远跑来要求自己回去，最大的可能就是她唯一的亲人有什么不测，因此她既想马上知道母亲的消息又担心是如她所料的坏消息，这种想知道又怕知道的心情往往是对最亲近的人才会如此。从话轮 7 可知，张明白阮的意思，似乎以成功引起阮的注意而窃喜，还似乎因为没有带给对方坏消息而自倨，趁机开口要钱，显示了张的无赖。"哀愁"作为一个审美术语，就不仅仅指我们常规意义上的愁，而是"忧、恨、苦、愁、悲、怨的情绪体验"（田晓膺，2004），是一种复杂的情感体验。阮的急收话语（话轮6）透露的对母亲的忧自然能够引起一种哀愁的美感。再如：

　　（23）（语境：匡复因政治问题被关押了十年，出狱后立刻前往十年前托付妻女的好友林志成那里打听妻子杨彩玉的消息。结果从林那里得知彩玉和志成已经结婚了。林见到匡复回来，感到十分羞愧，借口说工作的厂里有事就出去了，留下匡复在家等着彩玉回来。后厂里有人前来找林志成。）

　　1 青　年：（差不多要闯进来搜寻似的姿势）林师母，您帮帮忙，工务课长已经在发脾气啦，这不干我的事啊。（大声地）林先生！

　　2 杨彩玉：（惊奇）真的他没有回来啊，上半天出去了，就没有回来过！有什么事吗？

　　3 青　年：（焦躁地）事可多呐，……林师母，当真……那么您知道他到哪儿去吗？

　　4 杨彩玉：（着急）我怎么知道，……他什么时候走的？有什么事吗？……

　　5 青　年：（不回答她，回头对工头）那您赶快到二厂去看一看。[工头将匡复上下地望了一下，下场。]

　　6 青　年：林师母，事情很要紧，要是他不去，……（揩一揩额上的汗）好啦，他回来，立刻请他就来，大老板也在等他。（匆匆而下）

　　7 杨彩玉：喂喂……（看见他走了，关了门，担忧地望着匡复）

　　8 匡　复：（紧张地）什么事？

→9 杨彩玉：近来厂里常常不安静，可是……

→10 匡　复：他到哪儿去啦？……（不安地）他不会做出……

→11 杨彩玉：（低头）不会吧，可是……（也感到不安）

（《上海屋檐下》第二幕）

　　林志成平日工作很踏实，很少有缺勤情况，如今自己说是去厂里，结果厂里的人找上家里来，不能不让彩玉跟匡复感到奇怪。匡复的到来让三个人的关系立刻变得非常尴尬，加上林志成原本也是重情重义的人，夺好友之妻历来为人所不齿，他们自然会想到某些极端情况发生的可能性。有意思的是，话轮 5 与 6 之间，厂里来的青年"将匡复上下地望了一下"，似乎暗示此事与匡复有关。因此，话轮 10，匡复想着林会不会做出什么极端的事来。更让人担心的是连彩玉也不能保证林不会做出什么事来（话轮 11）。"诗意效果的中心是感受质的'感觉'或'状态'的传递"（Pilkington，2000：162）。单就话轮 9、10 和 11 的急收看，我们可以体会到匡复和彩玉既想知道又怕知道林志成到底做了什么的复杂心情。彩玉一方面见到匡复回来，自然希望能重新回到他身边；另一方面，当林志成有事的时候她那种焦灼的状态也是非常自然的，结婚十年，总归是有感情的，这在她的两次急收中（话轮 9、11）体现得很清楚。两人非常矛盾的复杂心情在这几处急收中显现无遗。

四是说话人对临时事态处置方式引起的令人生厌的感受。例如：

（24）（语境：女儿何芸出于对父亲何是非的信任，向他说了心上人欧阳平就是全国正在通缉的"反革命"。欧阳平及其母亲梅林正暂住在何家。何是非立刻悄悄举报，很快门外就被便衣警察包围，但其他人不知道是何是非告的密。）

1 欧阳平：（紧紧地握住何芸的手）我走了！（欲下）

2 何　芸：欧阳！（追上去）让我再看看你！

［欧阳平欲走，何芸抓住他不放。］

3 何　芸：你，快走吧！

［欧阳平转身出中门。］

［何芸痛苦难言。］

［何是非从另一边上。］

4 何是非：（追着急叫）欧阳！欧阳！你回来！

［何是非拉着欧阳平复上。］

5 欧阳平：何伯伯，我妈昏迷不醒，实在走不了，请您原谅，我一个人先走。

→6 何是非：什么？梅大姐昏迷不醒？会不会因为……唉，都怨我一时糊涂，说了几句气话，万一梅大姐……我真浑啊！……来来（夺过欧阳平的旅行包）欧阳，你们谁都别走了，这儿就是你们的家，刚才都怨何伯伯老糊涂了……

7 欧阳平：（夺回旅行袋，诚恳地）何伯伯，我仔细考虑过了，我留在这儿不太合适。

8 何　芸：爸爸，你就让他快走吧！

［欧阳平欲从中门出。］

→9 何是非：（急忙堵住门）就要下大雨了，你妈又昏迷不醒，叫你走，我于心不安。小芸，我的意思，出去也不一定——方便，留下来，我们另想办法。

10 何　芸：也好。

（《于无声处》第三幕）

除了何是非外，其他人的共识是让欧阳赶紧离开。话轮 5，欧阳平话语的重点在"我一个人先走"，前面都是在讲原因。话轮 6，何是非却把重点转移都欧阳平的母亲身上，并通过两次急收来显示自己的懊悔，责怪自己说话不当让梅林生气，并称"万一梅大姐……"后面的话都不愿意说，一副非常诚恳的模样。我们看听话人的反应：欧阳平诚恳地说自己留下不合适，他觉得自己会拖累何家，说明他相信了何是非的话。注意话轮 9，何是非再次使用了急收，不过这次差点说了实话，"出去也不一定能走得了"，但他临时急收了，改称出去不一定方便。话轮 10，女儿何芸也被说服了。如果结合整个话剧中何是非的角色，我们知道他是要出卖欧阳平，且要让他在自己家被抓走，一是洗脱窝藏的嫌疑，二是想要"立功"。以何是非的第 3 次急收（话轮 9）为例，我们可能产生如下感受：

　　　　他本意不是要说"出去也不一定方便"。

　　　　他隐藏了自己的真实想法。

　　　　他在欺骗何芸以及欧阳平。

　　　　他在拖延时间。

　　　　他知道欧阳平很快会被逮捕。

　　　　他老谋深算、无耻、再次出卖曾经的恩人（梅林）。

　　　　……

通过上述讨论已经清晰可见，急收话语的主要意思不难理解，但由于话语不完整，加上"支支吾吾（shuffling）的说话方式"（Brown & Levinson，1978：73），使得急收话语会产生丰富的弱暗含，从而导致丰富的诗意效果。Pilkington 发现：

> 当代语用学倾向于关注比较确定的含意却没有认识到，不仅有两种类型的含意：确定的和不确定的，这两者间还存在从很确定到很不确定的连续统。
>
> Modern pragmatics tends to concentrate on determinate implicatures and fails to recognize that, rather than two classes of implicature, determinate and indeterminate, there is a continuum from fully determinate to very indeterminate.
>
> （Pilkington，1991：53）

急收话语似乎为上述论断提供了极好的例证，因为没有明说的部分意思较为明确，因而较为确定，但又有可否定性，具有理解的开放性，而越开放的话语"越能够激起更多的弱暗含"，而"越多的弱暗含又会得到更多的品味"（appreciation）（Lagerwerf & Meijers，2008：23），这中间就是一个连续统，只要愿意欣赏就会产生持续的诗意效果，"一个好的读者、专业的（major）读者、活跃的、有创造力的读者通常是一个反复的再读者"（Pilkington，2000：105）。

基于上述讨论，我们对诗意效果有如下观察：

（一）诗意效果是一种非命题性（non-propositional）效果

诗意效果无法简单地用命题性术语来描述，它涉及一种诗意思维（poetic thought）（Pilkington，2000：xi），或更直观地说，诗意效果是一种情感（emotion）或者感觉（feeling），在修辞学中也强调由修辞手段所引起的感觉（141-142）。因此，同一句话的诗意效果往往并无固定的模式，它因人而异，甚至因时因地而异，难以确切描写。"诗意效果研究最有趣的是，对于任一个具体的读者或听话人，无法预测何种假定是最凸显的，这完全取决于具体、特定的语境"（Yus，2002：622），依赖于解释的高度灵活性或者语境是如何在线建构的（Pilkington，2000：118）。然而，在 Downes（2000：100）看来，语言学历来对"非思想性"（non-thought）内容，即以非命题性方式表达的内容（较之命题性内容）没有公平对待。Pilkington 也发现，像诗意效果这样的非命题性效果在现有语用学理论中没有一席之地（2000：xii），他主张，"任何对诗意效果或文学性的解释都必须包含情感交流的解释"因为"诗意效果与情感有直接的联系"（160）。

（二）诗意效果的获得不一定遵循最省力原则

细心的读者不难发现，Sperber & Wilson（1995）在阐述诗意效果时，一改以日常对话为例的习惯，所举的例子不再是对话，而是"文绉绉"的单句（例子详见 217-224）。另外，Pilkington（2000）全书借用和深化了关联理论来对文学语言的诗意效果进行阐释。诗意效果一开始就是从文学创作的角度界定的（季小民、陈新仁，2017）。当然，这并不是说只有文学语言才会产生诗意效果，我们想说的是：日常会话的诗意效果需要像欣赏文学语言一样付出更多的心力。诗意效果源自一种特殊的心智过程——以关联为导向，大范围地激活和获得语境假设（Pilkington，2000：169），需要大范围地搜索、重组百科知识记忆以及建立和重组概念间的联系的语境（同上：177），重复使用"大范围搜索/激活"说明诗意效果的获得需要付出更多的时间和心力，"花的时间和精力越多就越有可能获得更好的享受和理解"（同上：105）。不过，关联理论十分强调经济原则，其归结主义（reductionism）取向将话语理解尽量往自然、省力、简单的方向去解释，虽然在很大程度上符合日常交际的直觉，但同时也将语言的理解单一化、机械化了。日常的在线交际确实很好地体现了最省力原则，也是在线交际的时间压力使然，但只要加入审美需求就需要更多的认知努力，如"春风又绿江南岸""鸟宿池边树，僧敲月下门"中，"绿""敲"等字是"捻断数茎须"后的结果，所得的"两句三年得，一吟双泪流"的感受岂是根据最省力原则可获得的？当然，关联理论也认识到一句话语可能引起一系列的"弱暗含"，但是这些弱暗含如何产生以及为何是这些而不是那些弱暗含，关联理论却语焉不详，也许是弱暗含的关联度越来越低，背离了关联理论的解释初衷，不打算深入探讨也在情理之中。有趣的是，Pilkington 对最省力原则的理解似乎与惯常的想法不太一样，他认为：

最省力路径不会第一时间引向选择或建构小范围的、易于可及的语境假设，而是在更长和更广泛地搜索后选择和建构更大范围的语境假设。

The route of least effort would not lead immediately to the selection or construction of a narrow range of easily accessible contextual assumptions; it would lead to the selection and construction of a wider range of assumptions after a lengthier and more extensive search. （Pilkington，2000：141）

最后，有必要简要说明三种效果共存的情况。在第三章我们提到，针对具体的急收话语，本研究的语用修辞学分析框架中的三大理论工具即言语行为理论、（不）礼貌/面子理论以及关联理论可合力解释，具体是言语行为理论可得到便于观察的、外显的某种行为，而关联理论能够解释话语各方的内隐的认知过程，而（不）礼貌/面子理论可解释说话人把话语传递到听话人那里的某种方式和动机。相应地，三种语用修辞效果也往往同时存在于同一急收话语中，举一例说明：

(25)（语境：住在上海某处的亭子间的邻居一起话家常，老公出海一个多月还不回来，没有经济来源又不识字，靠几分姿色做了让邻居不齿的事的施小宝从房里出来。）

1 施小宝：（走到楼梯边，低声地）黄先生！黄先生！

2 黄家楣：（从亭子间出来）什么事？（有点窘态）

〔二人走近。〕

→3 黄家楣：我……这几天……你的钱……

4 施小宝：（嫣然一笑）不，别这样说，这点钱算得什么，……嗳，黄先生，给我做件事情……

5 黄家楣：什么？

〔桂芬倾听。〕

6 施小宝：（从袋里拿出一封信来）请您念给我听一听！

（《上海屋檐下》第一幕）

黄家楣因为生病无法工作，老父亲从乡下来上海，他与妻子桂芬又希望让父亲过好的城市生活，因此靠借钱度日，十分窘迫。例中的急收话语（话轮3）表达的言语行为从说话人的本意看是对施小宝的拒绝行为，意思估计是"我这几天手头比较紧，你的钱暂时还不上"，至少在他看来对方可能是来讨债的，虽然从话轮4和6我们知道，施小宝找他并不是为钱的事。至于为何我们能如此推测就是基于语境的关联推理。在说话人看来，邻居见面一般是寒暄，自己跟施小宝没有其他关系，对方点名找他应该不仅仅是寒暄，可能是有其他事。对方一个人在家，经济也不宽裕，自己曾找她借过钱，因此对方可能是找自己要钱。从听话人施小宝的角度看，对方说"这几天"意思是最近，"你的钱"不是指施小宝现在手上的钱，而是借给对方的钱，她知道说话人最近手头很紧张，无法还钱，如果要还钱一般不会如此吞吞吐吐，因此，对方是说最近无法还钱。黄家楣选择急收话语一方面是为了维护对方的消极面子，不想带给她消极信息；另一方面是为了维护自己的积极面子，不想直接说还不上钱。

从行事效果看，黄用急收话语传递的拒绝行为在听话人那里获得很好的效果，非但没有被抢白，如"我没说找你要钱啊？"或"我找你不是钱的事"，而是"嫣然一笑""别这样说"（话轮4），显然是对他话语方式的接纳。

从人际效果看，急收话语取得了维护人际和谐的效果。假如说话人说的是"我最近手头紧，你的钱暂时还不上"，恐怕对方也不会说"别这样说"来宽慰说话人了。

从诗意效果看，话轮3引起了丰富的弱暗含，比如：对方最近经济紧张；对方作为男人找一个女人借钱有些窝囊；身无分文还要打肿脸充胖子；有些可怜；很诚恳；有些可爱；他不好意思直接说没有钱；他不想给自己带来不好的消息，但他很无奈；等等。

我们用一例说明了三种效果常常是共存的，且从三方面关照，解释会更加完整。但如果每一例都从三方面去分析也不一定合理，因为每种话语情形突显的方面不一样，且每一方面都论述一番可能带来重点不明的弊端。总之，视具体情形，该分则分，该合则合。这至少充分说明，本研究的分析框架不是零散的拼凑，能分，也能合。

第四节　小结

本章主要从三个方面,即急收话语的行事效果、人际效果和诗意效果论述了急收话语的语用修辞效果。对于行事效果,我们主要是以最具面子威胁的指令行为进行分析的。我们发现,急收话语虽然"说而不破",但大多数情况下并不影响听话人实施说话人所期待的行为,有少量例子表现出局部话轮的行事障碍,但在更大的语境下,发现说话人是在利用急收话语"试水"或铺垫,以期获得更好的行事效果。还有部分例子表明,急收话语能够促进听话人实施某种行为。从整体上看,急收话语能够帮助说话人取得良好的行事效果,原因在于急收话语本身的缓和功能。对于人际效果,我们采用了 Haugh(2015)的间接话语人际功能分析模式,主要从参与者的关系入手,发现急收话语能够拉近、显示亲密的关系,还能够疏远人际关系,这一点是前人研究未提及过的。主要原因在于,急收话语多数情况下都是出于礼貌而做出的话语选择,但有时候也可以表达不礼貌含意。最后,对于诗意效果,我们认同弱暗含产生诗意效果的看法,主要根据语料分析,从说话人对社会、个人命运、复杂心理、临时事态处置等方面例析了急收话语丰富的弱暗含及其诗意效果。

本章基于语用学的有关理论,分方面、分层次地论述了急收话语的语用修辞效果。下一章将对本研究进行总结,概述本研究的主要发现,理论、实践和方法论启示,以及本研究的不足和对未来研究的建议。

第八章　结论

本研究以 16 部反映社会现实的近现代中国话剧为语料来源，尽取其中的急收话语作为研究对象，采用话语互动分析法为主要研究方法，以语用修辞学为理论视角进行了研究。重点以言语行为理论、（不）礼貌/面子理论以及关联理论为分析框架，承袭修辞学追求（最佳）修辞效果的目标，从急收话语省略的内容倾向和分布，听话人的理解路径，说话人隐含传递敏感信息、降格实施言语行为的目的，以及急收话语的行事效果、人际效果和诗意效果等面详细探讨了急收话语的语言表现、说话人动机以及取得的语用修辞效果。

本章对全文研究进行回顾与总结。首先总结本研究的主要发现，其次讨论本研究的主要贡献，然后指出本研究的不足之处和对未来研究的建议。

第一节　主要研究发现

本研究基于充足的语料从急收话语省略的内容、说话人的动机以及急收话语的效果详细研究了急收话语的表现、理解及功能，主要研究发现如下。

（一）从省略的内容看，充足的语料显示急收话语大多带有消极色彩，但偶尔也省略积极的话语内容，无论是消极内容还是积极内容，都有不同程度的语境敏感性。从听话人的理解情况看，虽然说话人没有说完，但听话人却能够通过不同的路径理解说话人未言明的内容。

急收话语内容的敏感性不（仅）是话语本身而是指在具体语境中的敏感性，主要体现在说话人试图隐含表达的消极内容，即"负面消息""负面看法""驱使话语""难堪话语""隐私话语""冒犯话语""忌讳话语"等方面。急收话语偶尔也用于传递对听话人或者第三方有利的信息。

从分布上看，我们使用 SPSS 17.0 进行了卡方检验，用统计的方法证明了绝大多数急收话语都是用于表达消极内容，只有少数急收用来传递积极内容。消极话语的次类的分布也具有显著差异，主要在于传递负面、驱使等信息。

从听话人的理解角度看，急收话语基本上不影响听话人的理解。这是因为，基于具体的语境，听话人能够获得下列路径的帮助：语法路径、语义路径和语用路径。从语法路径看，不少急收话语的未省略的（或称前导语）部分常常是（半）程式表达结构，这种结构与语言的使用频率密切相关，且相对固定，加上具体语境的选择作用，听话人就能够准确做出判断。还有部分急收话语的明示部分与暗含部分会在语义上形成明显的对照关系，比如正反对照；或者是激活了听话人对于某种事物的认知框架，从而对省略部分做出正确推理；或者是有些明说话语具有程序意义，至少能够引导听话人的理解方向，从而有助于听话人理解急收话语。此外，听话人还可以借助语用路径，比如急收明说部分可能激活某种百科知识，让隐含的部分在听话人的百科知识里不言自明；还有一重保障就是急收话语当下的语言语境和情境语境，听话人可调用具体的上下文语境或说话人表情、肢体语言、声调、语气等情景因素，也能够理解急收话语的内容。

（二）从说话人使用急收话语的动机看，主要是为了隐含传递敏感信息。具体从言语行为的角度看是降格实施言语行为。从分布上看，当下所实施的大多是消极言语行为。说话人选择急收话语主要是基于话语双方的角色关系、话语信息的损益等语境因素的考虑。

观察说话人的话语发现，说话人有意隐含传递敏感信息，这印证了而不是简单重复第五章的发现。换一个角度，从言语行为视角看，说话人通过急收话语降格实施了消极的言语行为和少量积极的言语行为。消极言语行为包括断言行为、指令行为、表情行为和承诺行为。这些行为的共同特点就是威胁听话人的积极面子或消极面子。比如，负面表述、指责、拒绝、威胁等言语行为损害了听话人的积极面子，而请求和建议行为则损害了听话人的消极面子。"降格实施"就是说话人带有希望在一定程度上避免损害听话人面子的意图。急收话语也可用于降格实施积极言语行为。大类与消极言语行为的类型一致,在次类上,主要是实施积极表述、赞美、感谢、积极承诺、积极请求、积极评价等。这些行为本看起来都是对听话人无害的行为,但由于如下可能性:给说话人自身带来损害、对第三方有利而非听话人、对听话人有利的同时也对其有一定程度的驱使性,说话人也选择用急收话语来实施。

从分布上看,消极言语行为与积极言语行为有明显差异,在消极言语行为中,大类上的分布也有明显差异,即急收更多地出现在断言类和指令类言语行为上。次类上,卡方检验结果显示,急收更多地用于实施负面表述和请求言语行为。积极言语行为与中性言语行为类由于总量较少(次类频次都小于 5),进行分布差异性检验意义不大,因此不再细分次类,也不作分布检验。

从说话人所受到的语境制约看,大致结论是,从参与者关系看,主要是下对上,或者是低权势对高权势;从信息内容看,避免或减少给听话人带来负面消息和使听话人受驱使是说话人选择急收话语方式的主要语境因素。

(三)从急收话语的语用修辞效果看,大多数急收话语不会给说话人希望在听话人那里取得的行事效果产生负面影响,这与急收话语的可否定性特征以及缓和功能有关;急收话语的人际效果根据说话人的意愿体现为拉近关系、体现亲密和疏远关系,这与急收话语的(不)礼貌功能有关;急收话语还能够取得丰富的诗意效果,这与急收话语理解的(部分)"开放性"有关。理解的开放性能够引起一系列的弱暗含,从而产生丰富的诗意效果。

我们选择了对面子威胁较大的指令行为对急收话语的行事效果进行分析发现,急收话语大多数情况下并不影响听话人实施说话人所期待的行为,有少量例子表现出局部话轮的行事障碍,但在更大的语境下,发现说话人是策略地利用急收话语以获得更好的行事效果。还有部分例子表明,急收话语能够促进听话人实施某种行为,也就是说,急收话语的使用让听话人更愿意实施说话人期待的行为。急收话语能够帮助说话人取得良好的行事效果,原因在于急收话语本身的缓和功能。说话人利用了急收话语的可否定性特征以及理解开放性特征,向听话人传递请求或指示的同时暗含收回、软化等态度,使得听话人感受到善意,从而更加愿意主动执行说话人的请求行为。

对于人际效果，我们发现急收话语能够拉近距离、显示亲密的关系，还能够疏远人际关系。原因在于，急收话语多数情况下都是出于礼貌而做出的话语选择，这就能够拉近与听话人的关系；有时候，说话人通过急收话语传达只有对话语背景有深刻了解的人才能听懂的话，将无法听懂的其他人排除在外，以显示与听话人的某种亲密关系；急收话语还可以表达不礼貌含意，这主要是说话人处于高权势时，不论对方能否听懂，使用急收话语来显示自己的权威，这就可能拉远与听话人的距离。急收话语的礼貌或不礼貌效果都是说话人基于自身权势、对方权势等因素，以更好地实现自己的交际意图而采取的语用平衡策略。

对于诗意效果，我们认同弱暗含产生诗意效果的看法。根据语料分析，归纳了说话人对社会的欲述无言、对个人命运的无奈、对某种消息的复杂心理以及对某事态的临时处置方式等方面，例析了急收话语丰富的弱暗含及其诗意效果，发现上述方面都浸染着一种让人愁、恨或怨的哀愁感。急收话语的诗意效果的产生仍旧归功于其理解开放性和多义性特征。很明显，这里的理解开放性不是完全的开放，而是围绕说话人的暗示，产生不完全相同的理解体验。在这种不同的理解过程中，诗意效果就产生了。

第二节　主要研究贡献

一　提出了较为统一的急收话语的定义

本研究通过文献回顾，发现前人研究的急收话语定义有不少混乱的地方，比如急收话语是说话人预先策划的话语策略还是临时无话可说，又或者是说话人情绪的突然迸发导致语塞而形成的句子突断的话语现象？前人研究把这些互不兼容的情形混杂在一起。此外，急收话语与突接、打（岔）断等类似现象形成的机制不一样，但现有不少文献也将它们混在一起，得出无法内洽的研究结论。本研究从急收的工作定义出发，即在交际中说话人出于特定交际目、故意欲言又止（在书面语中，停顿处通常用省略号或者破折号标示）的一种话语现象出发，通过厘清与其他类似现象的区别，框定研究对象，然后经过对急收话语的表现、说话人动机及取得的效果三大方面的研究，至此，我们认为，急收话语是一种语用修辞现象，是说话人出于维护或调节人际关系、达成特定的交际目标而故意欲言又止，向听话人隐含传递某种信息的话语现象。体现在句子上就是句子在中途断裂，且后面一般不再补齐省略的内容。这一定义可以有效解决上面提到的定义含混问题：急收是说话人故意为之，这就说明急收是说话人的主动选择，而不是临时找不到词的（疑似）病句，不是为外力所致的打断，也不是说话人一时想起其他事情而说开去的突接，而是为了到达某种特定目的的话语修辞现象。

二　对急收话语采用了较为合理的研究方法

以往对急收话语的研究研究大都是基于研究者的内省，虽然不无可取之处，但面临不同任务时有必要采用不同的、更客观的方法。本研究基本上坚持以话语—互动分析法为主，以对比法、内省法为辅。话语—互动分析法的优势在于，分析急收话语的意义、说话人意图、听话人理解等方面时都是基于话语本身提供的证据，而不是研究者个人的揣度。在确定急收话语所实施的言语行为时，互动分析法能够指导我们观察更多的话轮来确认说话人意欲实施的言语行为。如果基于单句话语、根据语言本身的形式表现来推断说话人的想法就可能会导致误判。对于急收话语的语用修辞效果，基于话轮证据的同时本研究还辅以对比法，比较急收后的话语与不急收的话语也即完整、明确表达的话语，观察二者的不同来凸显急收话语的效果。此外，本研究还采用了整合语用学视角，即结合参与者视角和观察者视角，以避免单一视角的偏颇。在考察急收话语的内容倾向以及说话人动机的分布时，本研究还使用了卡方检验来提供较为客观的描述。此外，本研究使用了"整合语用学"的做法，结合了参与者视角和观察者视角来更全面和客观地分析语料。

三　深化了急收话语的研究

本研究对急收话语研究的深化表现在如下方面：一方面，较之前的研究，本研究对急收话语的研究较为系统。首先，本研究基于较大规模的语料研究了急收话语的表现，主要是省略的内容倾向，对其类型和分布都进行了发掘，还对听话人的理解路径进行了归纳；其次，我们从说话人角度考察了其选择急收话语的动机，并对动机的分布进行了统计，也间接地发现了急收话语功能的分布规律，还探讨了说话人是基于何种语境而做出的急收话语选择；最后，我们还衡量了急收话语的语用修辞效果，且是较为系统地从行事效果、人际效果和诗意效果三方面进行了考察，而不是就事论事、只见树木不见森林式的个案分析，并详细分析了取得相应效果的原因。另一方面，本研究拓展了急收话语的研究范围。以急收话语的功能为例，现有研究主要归纳了急收话语的表情功能、避讳功能、经济功能以及增效功能，等等。本研究除了系统地印证上述作用外，还发现了急收话语的不礼貌功能，这是前人文献没有系统论述过的。另外，我们还总结了急收话语的三个特征："可否定性""最后时刻的自我抑制"和"理解开放性"，随之引起的语用修辞效果大致分别对应于行事效果、人际效果和诗意效果。这不仅深化了我们对急收话语特点的认识，也与我们的语用修辞分析框架联系紧密，使其在本研究中的合理性得到证明。

四 建构了语用修辞学分析框架

本研究梳理了语用学与修辞学的关系，发现语用学理论确实可以在解释修辞现象中发挥作用，并明确了语用修辞学的地位，不是要替代而是补充传统修辞学。笔者还提出语用修辞学的研究对象是有标记修辞话语。然后，笔者从语用学的主要理论，即言语行为理论、（不）礼貌/面子理论以及关联理论，结合修辞学以最佳修辞效果为目标的任务拟定语用修辞学的分析框架。与上述理论分支对应，我们可以考察（但不限于）急收话语的行事效果、人际效果和诗意效果，如此，本研究就超越了过往研究停留在笼统的"语用修辞学"概念层面而使其立体化、层次化和可操作化了，这将有助于语用修辞学的发展。

第三节 本书的局限及对未来研究的建议

囿于研究者的水平，本研究难免存在不足，总结本研究的局限以及提出对未来研究的展望如下：

一 语料的规模还可以扩大，来源还可以改进

首先，语料的规模还可以扩大。本研究选择了 16 部反映近现代生活

的现实主义话剧，所得急收话语总数两百多条，未来研究还可以进一步扩大范围，使急收话语的样本数量更大，所得的结论必然更可靠。其次，本研究虽然论证了话剧语料对于当前研究的合理性，但如果能够获得系统、足够的自然语料必定更为理想，因为从文学文本的语料出发所得结论的扩展性会受到较大限制。

二 分析框架和研究方法还可进一步完善

本书构建了语用修辞学的分析框架，并在急收话语的分析过程中对其适用性进行了验证，但该框架还不算成熟，分析维度还不够全面，分析层次也稍显单薄，未来研究可以对其进行修改和完善，还可以从不同的研究视角来对急收话语进行研究。

对于研究方法，笔者认为话语–互动分析法能够满足本研究的语料描述和分析所需的语篇证据的需要，且话剧本身的剧本附注也为我们提供了非常重要的证据。但也正是剧本的附注表明了多模态的重要性，本研究在这一方面也是欠缺的。希望未来的研究能够基于多模态方法来对急收话语做出更全面和有效地研究。

三 对急收话语的产出过程和理解机制的分析还需加强

我们在设计本研究的分析思路时注意到了对急收话语的研究应该涉及其产出过程、理解过程以及取得何种效果的评价，但在实际分析过程中对上述问题的处理显得简单化和扁平化了。比如对话语各方的年龄、性别、知识背景、社会背景等描述不够，对他们所处的语境资源的分析也不够详尽，难免导致对急收话语的产出和理解的过程分析显得囫囵吞枣、语焉不详。在某些分类上还需更为明晰和科学的标准，尤其是对急收话语的诗意效果的分类，希望后续研究能够弥补上述不足。此外，由于本研究是基于多样化的语料进行了整体上的归类与总结，难免在个性化和深度上有所欠缺，未来研究还可以基于不同的体裁，如学术话语中的急收现象、名人访谈中的急收现象、新闻话语（如答记者问）中的急收现象等，进行更为个性化和深入地探讨。

参考文献

著作

陈汝东：《当代汉语修辞学》，北京大学出版社 2010 年版。

陈望道：《修辞学发凡》，复旦大学出版社 2008 年版。

陈新仁：《英语语法实用教程》，苏州大学出版社 2009 年版。

陈新仁：《语用身份论——如何用身份话语做事》，北京师范大学出版社 2018 年版。

高新民：《意向性理论的当代发展》，社会科学出版社 2008 年版。

何自然、陈新仁：《英语语用语法》，外语教学与研究出版社 2004 年版。

康德：《判断力批判》（上），商务印书馆 1987 年版。

李军：《语用修辞学探索》，广东教育出版社 2005 年版。

刘亚猛：《西方修辞学史》，外语教学与研究出版社 2008 年版。

罗曼·雅各布森：《语言学与诗学》，载赵毅衡编《符号学文学论文集》（pp. 169-184），百花文艺出版社 2004 年版。

吕叔湘：《汉语语法分析问题》，商务印书馆 1979 年版。

马建忠：《马氏文通》，商务印书馆 1898 年版。

毛延生：《英汉疑问附加语的语用研究》，暨南大学出版社 2013 年版。

谭学纯、唐跃、朱玲：《接受修辞学》，上海外语教育出版社 1992 年版。

王德春、陈晨：《现代修辞学》，上海外语教育出版社 2001 年版。

王力：《中国现代语法》，商务印书馆 1985 年版。

王维贤：《现代汉语语法理论研究》，语文出版社 1997 年版。

王希杰：《汉语修辞学》，商务印书馆 2004 年版。

曾文雄：《语用学的多维研究》，浙江大学出版社 2009 年版。

张宗正：《理论修辞学——宏观视野下的大修辞》，中国社会科学出版社 2004 年版。

朱德熙：《语法讲义》，商务印书馆 1982 年版。

朱光潜：《朱光潜全集（第二卷）》，安徽教育出版社出版 1987 年版。

朱永生：《语境动态研究》，北京大学出版社 2005 年版。

论文

爱德华·阿尔比：《哪家剧派是荒诞剧派?》，《外国文学》1981 年第 1 期。

曹德和、刘颖：《修辞学和语用学关系的回眸与前瞻》，《外语与外语教学》2010 年第 4 期。

陈镐汶：《阮玲玉之死与新闻媒介》，《新闻记者》1988 年第 1 期。

陈佳璇、崔蓬克、胡范铸：《言者身份与修辞力量：国家形象修辞分析中的一个问题》，《当代修辞学》2011 年第 2 期。

陈黎明：《失真的想象——论电视剧《倾城之恋》对原著的通俗化改造》，《中国电视》2011 年第 7 期。

陈留生：《语言变革与早期写实话剧语言范式的确立》，《江苏社会科学》2011 年第 2 期。

陈思和：《〈骆驼祥子〉：民间视角下的启蒙悲剧》，《陕西师范大学学报（哲学社会科学版）》2004 年第 3 期。

陈伟英：《省略与省力》，《浙江大学学报（社会科学版）》2005 年第 6 期。

陈小慰：《外宣标语口号译文建构的语用修辞分析》，《福州大学学报（社会科学版）》2007 年第 1 期。

陈新仁：《论语用平衡》，《外语学刊》2004 年（a）第 6 期。

陈新仁：《英语首词重复的语用认知阐释》，《外语研究》2004 年（b）第 1 期。

陈新仁：《转喻指称的认知语用阐释》，《外语学刊》2008 年第 2 期。

陈新仁：《语用学视角下的身份研究——关键问题与主要路径》，《现代外语》2014 年第 5 期。

陈新仁：《语法隐喻旳认知语用解读》，《外国语》2014 年第 2 期。

陈新仁：《语义学与语用学的分界：一种新方案》，《外语教学与研究》2015 年第 6 期。

陈新仁：《说话人用意的认知加工机制：基于误解分析的证据》，《外语教学》2016 年第 4 期。

陈新仁：《言语交际者关系管理模式新拟》，《外语教学理论与实践》2018 年第 3 期。

成汹涌：《语言经济原则视域中的英语省略效能及作用新探》，《外语学刊》2014 年第 4 期。

池昌海：《也谈修辞学与语用学——与袁毓林同志商榷》，《修辞学习》1989 年第 1 期。

从志杰等：《人文医学教育：医学生传递坏消息的技巧》，《医学与哲学》2010 年第 23 期。

邓兆红、陈新仁：《委婉语修辞效果的关联论阐释——兼论心理距离说》，《外语学刊》2016 年第 6 期。

董瑞兰、毛浩然，《25 年来中国修辞研究的关键词词频统计——一基于国家社科与教育部社科课题立项数据》，《福建师范大学学报（哲学社会科学版）》2017 年第 6 期。

杜道流：《会话省略中的焦点控制及句法语义影响》，《语言教学与研究》2000 年第 4 期。

杜永道：《消极心态与话语设计》，《语言教学与研究》1999 年第 3 期。

段小敏：《基于目的原则的自我修补分析》，《外语学刊》2009 年第 4 期。

樊小玲、胡范铸：《承诺言语行为与指令言语行为关系探究》，《陕西师范大学学报（哲学社会科学版）》2013 年第 5 期。

范开泰：《省略、隐含、暗示》，《语言教学与研究》1999 年第 2 期。

冯学锋：《说"跳脱句"》，《湖北大学学报（哲学社会科学版）》1988 年第 4 期。

福荣、育生：《浅谈〈咸亨酒店〉的改编》，《人民戏剧》1981 年第 11 期。

傅正乾：《关于历史剧的语言问题——郭沫若史剧理论研究之六》，《中国现代文学研究丛刊》1986 年第 2 期。

韩夫：《跳脱辞式在〈狂人日记〉中的突出运用》，《杭州师范学院学报（社会科学版）》1986 年第 4 期。

何刚：《文化语境的建构——拟想的模型》，《中国外语》2006 年第 5 期。

何刚：《话语、社交、文化——文化驱动的社会语用视角》，《外语教学理论与实践》2011 年第 3 期。

何刚：《全球领导力话语建构的文化语用路径：以习近平讲话为范本》，《深圳大学学报（人文社会科学版）》2019 年第 3 期。

何自然：《语用学方法论刍议》，《解放军外国语学院学报》1999 年第 4 期。

侯国金、冯梅：《语用花径的互动性和连环性》，《外语教学》2019 年第 6 期。

侯国金：《辞格花径和花径辞格》，《中国外语》2016 年第 1 期。

侯国金：《语用制约/压制假说》，《外语教学与研究》2015 年第 3 期。

侯国金：《拈连的语用修辞学解读和"拈连译观"》，《外语学刊》2011 年第 6 期。

胡范铸：《汉语修辞学与语用学整合的需要、困难与途径》，《福建师范大学学报（哲学社会科学版）》2004 年第 6 期。

胡范铸：《理论与现象：当代修辞学研究的五十个问题》（上），《当代修辞学》2016 年第 2 期。

胡范铸：《汉语修辞学与语用学整合的需要、困难与途径》，《福建师范大学学报（哲学社会科学版）》2004 年第 6 期。

胡范铸：《幽默语言、谎言、法律语言、机构形象修辞、实验修辞学……研究的逻辑起点——基于"新言语行为分析"的思考》，《华东师范大学学报（哲学社会科学版）》2015 年第 6 期。

胡范铸：《语用研究的逻辑断裂与理论可能》，《外国语》2017 年第

1 期。

　　《胡乔木传》编写组：《胡乔木调〈于无声处〉剧组晋京演出》，《百年潮》2015 年第 8 期。

　　胡习之：《语篇修辞学与人际修辞学》，《修辞学习》2002 年第 6 期。

　　胡习之：《论修辞效果及其评价》，《福建师范大学学报（哲学社会科学版）》2010 年第 4 期。

　　黄科安：《历史与现实：郭沫若史剧叙述意图的追问》，《文艺研究》2009 年第 2 期。

　　黄立鹤：《多模态修辞学的构建与研究——兼论修辞学与语用学的连接》，《当代语言学》2018 年第 1 期。

　　季小民、陈新仁：《关联理论观照下新被字句的弱暗含探究》，《外语研究》2017 年第 3 期。

　　姜多：《新闻采访中话语跳脱的语用分析》，《新闻研究导刊》2015 年第 12 期。

　　蒋庆胜：《急收的语用修辞学规则建构与翻译》，《外国语文研究》2013 年第 2 期。

　　蒋庆胜：《说而不破：急收辞格的礼貌功能探究》，《天津外国语大学学报》2018 年第 1 期。

　　蒋庆胜：《语用修辞学：学科定位与分析框架》，《外语教学理论与实践》2019 年（a）第 1 期。

　　蒋庆胜：《急收话语的缓和特性研究》，《湖北社会科学》2019 年（b）第 9 期。

　　金立鑫：《中国修辞学的重新定位和研究方法的更新》，《福建师范大学学报（哲学社会科学版）》2009 年第 2 期。

　　井怡琼：《〈雷雨〉中"跳脱"的语用修辞分析》，《太原城市职业技术学院学报》2012 年第 5 期。

　　景晓平、陈新仁：《语用、认知与习得——第十届全国语用学研讨会综述》，《外语学刊》2007 年第 6 期。

　　匡小荣：《口语交谈中的话语打断现象》，《修辞学习》2005 年第 4 期。

　　黎运汉：《汉语语用修辞学建立的背景》，《浙江师范大学学报（社会科学版）》2004 年第 2 期。

李同：《〈新实用汉语课本〉言语行为分布分析》，硕士学位论文，暨南大学，2011 年。

李娓：《古诗词跳脱手法初探》，《西安联合大学学报》2004 年第 1 期。

李小军：《表负面评价的语用省略——以构式"（X）真是（的）"和"这/那个+人名"为例》，《当代修辞学》2011 年第 4 期。

梁艳：《"独异个人"与"庸众"的恋情——《恋爱的犀牛》的"刻奇先锋主义"》，《戏剧艺术》2016 年第 3 期。

梁宗奎、刘吉鹏：《言未尽处意无穷——《红楼梦》巧用"急收"格种种》，《红楼梦学刊》1998 年第 3 期。

廖美珍、龚进军：《法庭话语打断现象与性别研究》，《当代修辞学》2015 年第 1 期。

林大津、毛浩然：《不是同根生·聚合皆因缘——谈修辞学与语用学的区别与联系》，《福建师范大学学报（哲学社会科学版）》2006 年第 5 期。

刘芳：《诗歌意象语言的语用修辞功能分析》，《外语教学》2012 年第 3 期。

刘炎生：《〈雷雨〉的主题及若干人物形象异议》，《中国文学研究》1998 年第 1 期。

鹿晓燕、高万修：《辞学研究方法论之变革》，《福建师范大学学报（哲学社会科学版）》2017 年第 2 期。

骆小所：《谈谈跳脱及其美学功能》，《修辞学习》1994 年第 6 期。

吕万英：《司法调解话语中的冲突性打断》，《解放军外国语学院学报》2005 年第 6 期。

马静：《从语用修辞角度解读重言式》，《外语教学》2000 年第 4 期。

潘文国：《语言的定义》，《华东师范大学学报》2001 年第 1 期。

彭朝丞：《新闻标题的辞格艺术——跳脱》，《新闻与写作》1996 年第 5 期。

冉永平：《缓和语的和谐取向及其人际语用功能》，《当代外语研究》2012 年第 11 期。

荣晶：《汉语省略、隐含和空语类的区分》，《新疆大学学报（哲学社会科学版）》1989 年第 4 期。

申智奇、刘文洁：《心理咨询师建议言语行为的语用探讨》，《外国语言文学》2012 年第 1 期。

施逸丰：《〈梅兰芳〉在话剧舞台上——访话剧〈梅兰芳〉主创人员》，《上海戏剧》1995 年第 1 期。

孙希娟：《〈暗恋桃花源〉主题意蕴探微》，《文艺争鸣》2012 年第 12 期。

唐珏明：《"例不十·法不立"的来历及意义》，《语文建设》1995 年第 10 期。

田晓膺：《唐代女冠诗歌中的哀愁美》，《河北大学学报（哲学社会科学版）》2004 年第 6 期。

童道明：《北京大爷习气——看〈北京大爷〉》，《中国戏剧》1995 年第 9 期。

王峰：《谈插入语在语篇中的语用修辞功能》，《解放军外国语学院学报》1999 年第 2 期。

王胤枝：《论跳脱的美学功能》，《思茅师范高等专科学校学报》2000 年第 1 期。

吴春容、侯国金：《仿拟广告的语用修辞学解读和仿拟译观》，《当代修辞学》2015 年第 1 期。

吴迪龙、赵艳：《ICM 视阈下语义省略的认知解读》，《外语电化教学》2010 年第 3 期。

吴鹏、张璐：《会话打断研究 30 年的回顾与展望》，《河南科技大学学报（社会科学版）》2007 年第 3 期。

夏波：《无边的现实主义——看新排话剧〈茶馆〉》，《中国戏剧》2000 年第 1 期。

徐顺逵：《历史·文化·艺术——话剧〈立秋〉的多视角解读》，《上海戏剧》2005 年第 9 期。

许波：《这不是那个现实中的阮玲玉——评话剧〈阮玲玉〉》，《中国艺术报》2014 年 1 月 8 日第 004 版。

杨德峰：《半截话格式的修辞作用》，《修辞学习》2002 年第 4 期。

杨晓红:《从顺应论角度探析电视访谈节目中的话语跳脱》,《河北北方学院学报》2012 年第 4 期。

杨晓红、刘威、梅芳:《传媒中英汉话语跳脱的社会功能》,《中国报业》2012 年第 3 期。

杨晓红、刘晓玲:《英汉话语跳脱的应答模式》,《湖北社会科学》2013 年第 6 期。

杨晓红、叶慧君:《英汉话语跳脱现象的语用认知探析》,《河北师范大学学报(社会科学版)》2012 年第 3 期。

于勤:《"小号·吹得再热情些·再嘹亮些!"——看四川人艺演出话剧〈绝对信号〉》,《文谭》1983 年第 5 期。

虞锐:《汉语倒辞的语用修辞界定》,《新疆社会科学》2014 年第 4 期。

张春泉:《法典修改的语用修辞学思考——以中国宪法为例》,《思想战线》2004 年第 3 期。

张会森:《修辞学与语用学》,《修辞学习》2000 年第 4 期。

张少云:《误解的语用修辞分析》,《修辞学习》2007 年第 2 期。

张少云:《对外汉语特殊句式的语用修辞分析》,《河南社会科学》2011 年第 2 期。

赵世举:《关于汉语省略句的判定标准问题》,《中南民族学院学报(社会科学版)》1999 年第 4 期。

赵彦春:《语义合成原则的有效性——对 Taylor(2002)证伪的证伪》,《外国语》2008 年第 3 期。

郑远汉:《省略句的性质及其规范问题》,《语言文字应用》1998 年第 2 期。

朱卫兵:《"屋檐下"的现实主义——重读夏衍的〈上海屋檐下〉》,《戏剧艺术》2004 年第 1 期。

祝克懿:《省略与隐含》,《河南大学学报(社会科学版)》1987 年第 5 期。

宗世海、刘文辉:《论修辞学与语用学的关系及二者的发展方向》,《暨南学报(哲学社会科学版)》2007 年第 5 期。

宗廷虎:《论百年来与时俱进的汉语修辞学研究方法》,《福建师范大学学报（哲学社会科学版）》2003 年第 6 期。

英文

Alexander, G., 2006, *Writing after Sidney: The literary response to Sir Philip Sidney*, 1586–1640. New York: Oxford University Press.

Amossy, R., 2001, Ethos at the crossroads of disciplines: Rhetoric, pragmatics, sociology. *Poetics Today* 1, 1–23.

Arundale, R., 2005, Pragmatics, conversational implicature, and conversation. In F. Kristine & Robert, S (eds.). *Handbook of Language and Social Interaction* (pp. 41–63). Mahwah, New Jersey: Lawrence Erlbaum.

Austin, J., 1962, *How to Do Things with Words*. Oxford: Oxford University Press.

Baruchello, G., 2015, A Classification of classics: Gestalt psychology and the tropes of rhetoric. *New Ideas in Psychology* 36, 10–24.

Bavelas, J. *et al.*, 1990, *Equivocal Communication*. Newbury Park, CA: Sage Publications.

Bella, S., 2011, Mitigation and politeness in Greek invitation refusals: Effects of length of residence in the target community and intensity of interaction on non-native speakers' performance. *Journal of Pragmatics* 43, 1718–1740.

Ben-Porat, Z., 1991, Two-way pragmatics: From world to text and back. In R. Sell (ed.). *Literary Pragmatics* (pp. 142–163). London and New York: Routledge.

Berry, F., 1954, A suppressed aposiopesis in *The Fight at Finnsburgh*. *Notes & Queries*, May, 186–187.

Brandon, E., 1987, Ellipsis: History and prospects. *Informal Logic* 2, 93–103.

Brown, P. & Levinson, S., 1978, Politeness: Some universals in language usage. In E. Goody (ed.). *Questions and Politeness: Strategies in Social Interaction* (pp. 74–264). Cambridge: Cambridge University Press.

Brown, P. & Levinson, S., 1987, *Politeness: Some Universals in Language Usage*. Cambridge: Cambridge University Press.

Caffi,C.,1999,On mitigation. *Journal of Pragmatics* 31,881-909.

Caffi,C.,2007,*Mitigation*. Amsterdam:Elsevier.

Carlson,L.,2006,Parsing spoken dialogue. *SKY-Journal of Linguistics*, Special,128-137.

Carston,R.,2009,The explicit/implicit distinction in pragmatics and the limits of explicit communication. *International Review of Pragmatics* 1,35-62.

Carston,R.,2013,Word meaning,what is said and explicature. In C. Penco & F. Domaneschi (eds.). *What Is Said and What Is Not* (pp. 175-204). Stanford:CSLI:Publications.

Chen,R.,2001,Self-politeness:A proposal. *Journal of Pragmatics* 33, 87-106.

Chrzanowska-Kluczewska,E.,2014,The figures of suppression:Gappiness of language and text-worlds and its reflection in style. In E. Willim (ed.). *Continuity in Language:Styles and Registers in Literary and Non-literary Discourse* (pp. 107-124). Kraków:AFM Publishing House.

Cicero,M.,1954,*Rhetorica Ad Herennium*. Translated by Caplan,H. Cambridge:Harvard University Press.

Clark,B.,2013,*Relevance theory*. Cambridge:Cambridge University Press.

Crocker,M. Demberg,V. & Teich,E.,2016,Information density and linguistic encoding. *Kunstl Intell* 30,77-81.

Culpeper,J. & Haugh,M.,2014,*Pragmatics and the English Language*. Hampshire:Palgrave Macmillan.

Culpeper,J.,2005,Impoliteness and entertainment in the television quiz show:*The Weakest Link*. *Journal of Politeness Research Language Behaviour Culture* 1,35-72.

Culpeper,J.,2009,Impoliteness:Using and understanding the language of offence. ESRC project. Retrieved from http://www. lancaster. ac. uk/fass/projects/impoliteness/strategy. htm (accessed:June 5th,2017).

Culpeper,J. Short,M. & P. Verdonk.,1998,*Exploring the Language of Drama:From Text to Context*. London and New York:Routledge.

Cutting, C., 2009, Comprehension vs. production. In D. Sandra, J. Östman & Verschueren, J. (eds.). *Cognition and Pragmatics*(pp. 110-125). Amsterdam/Philadelphia: John Benjamins Publishing Company.

Czerwionka, L., 2012, Mitigation: The combined effects of imposition and certitude. *Journal of Pragmatics* 44, 1163-1182.

Dascal, M. & A. Gross., 1999, The marriage of pragmatics and rhetoric. *Philosophy and Rhetoric* 2, 107-130.

Dimit, R., 2006, "Why, you. I oughta' …": Aposiopesis and the natural language of the passions, 1670-1770. *Studies in Eighteenth Century Culture* (?), 161-176.

Downes, W., 2000, The language of felt experience: Emotional, evaluative and intuitive. *Language and Literature* 9, 99-121.

Drew, P., 2011, *Reflections on the micro-politics of social action, in interaction*. Paper presented at the 12th International Pragmatics Association Conference, University of Manchester, U. K., 3-8 July.

Dynel, M., 2017, Academics vs. American scriptwriters vs. academics: A battle over the etic and emic "sarcasm" and "irony" labels. *Language & Communication* 55, 69-87.

Ervin-Tripp, S., 1976, Is Sybil there? The structure of some American English directives. *Language in Society* 5, 25-66.

Fahnestock, J., 2011, *Rhetorical style: The uses of language in persuasion*. New York: Oxford University Press.

Feagin, S., 1984, Some pleasures of imagination. *The Journal of Aesthetics and Art Criticism* 1, 41-55.

Fetzer, A. & Oishi, E., 2011, *Context and Contexts: Parts Meet Whole*. Amsterdam/Philadelphia: John Benjamin's Publishing Company.

Fomenko, E., 2013, Transformations of Sterne's Tristramshandiness' in Joyce's era. *Jazyk a kultúračíslo*, 14.

Fraser, B., 1980, Conversational Mitigation. *Journal of Pragmatics* 4, 341-350.

Ghofur, A., 2011, Discourse analysis: Some conceptual remarks on pragmatics and rhetoric. *Journal of Languages and Literature* 2,1-12.

Gil, J., 2015, On weak communication. *Intercultural Pragmatics* 3, 387-404.

Grice, P., 1989, *Studies in the Way of Words*. Cambridge: Harvard University Press.

Gu, Y., 1994, Pragmatics and rhetoric: A collaborative approach to conversation. In Parret, H. (ed). *Pretending to Communicate* (pp. 173-195). Berlin: Walter de Gruyter.

Gunthner, S., 2007, Intercultural communication and the relevance of cultural specific repertoires of communicative genres. In H. Kotthoff & H. Spencer-Oatey (eds.). *Handbook of Intercultural Communication* (pp. 127-151). Berlin: Mouton de Gruyter.

Haugh, M., 2007, The discursive challenge to politeness research: An interactional alternative. *Journal of Politeness Research* 3,295-317.

Haugh, M., 2011, Humour, face and im/politeness in getting acquainted. In Davies, B. Haugh, M. & Merrison, A. (eds.). *Situated Politeness* (pp. 165-184). London: Bloomsbury Acad & Prof.

Haugh, M., 2012, Epilogue: The first - order distinction in face and politeness research. *Journal of Politeness Research* 1,111-134.

Haugh, M., 2015, *Im/Politeness Implicatures*. Berlin: De Gruyter.

Hou, G., forthcoming, Puzzles for pragmatics and rhetoric and advent of pragma-rhetoric.

Housman, A., 1887, On Soph. Electr. 564, and Eur. I. T. 15 and 35. *The Classical Review* 8,240-241.

Huang, Y., 2014, *Pragmatics* (2nd edition) . Oxford: Oxford University Press.

Ilie, C., 2018, Pragmatics vs rhetoric: Political discourse at the pragmatics-rhetoric interface. In C. Ilie & N. Norrick (eds.). *Pragmatics and Its Interfaces* (pp. 85-120). Amsterdam / Philadelphia: John Benjamins Publishing Company.

Issa, S., 2015, A socio-pragmatic investigation of the persuasive strategies in "al-ittijāh al-muākis" "The Opposite Direction" on Al-Jazeera TV. *Pragmatics and Society* 4,517-537.

Jucker, A., 2015, Pragmatics of fiction: Literary uses of *uh* and *um*. *Journal of Pragmatics* 86,63-67.

Kádár, D. & Haugh, M., 2013, *Understanding Politeness*. Cambridge: Cambridge University Press.

Kasper, G., 1990, Linguistic politeness: Current research issues. *Journal of Pragmatics* 14,193-218.

Kasper, G., 2000, Data collection in pragmatics research. In H. Spencer-Oatey (ed.). *Culturally Speaking: Culture, Communication and Politeness Theory* (2nd edtiton)(pp. 316-341). London: Continuum.

Kasper, G., 2006, Speech acts in interaction: Towards discursive pragmatics. In K. Bardovi-Harkug, C. Felix-Brasdefer, & A. Omar (eds.). *Pragmatcis and Language Learning, Vol*, 11(pp. 281-314). Honolulu, HI: University of Hawaii.

Katrandjiev, H., I. Velinov1 & K. Radova., 2016, Usage of rhetorical figures in advertising slogans. *Trakia Journal of Sciences* 3,267-274.

Kecskes, I., 2017, Context-dependency and impoliteness in intercultural communication. *Journal of Politeness Research* 1,7-31.

Keller, S., 2010, Combining rhetoric and pragmatics to read *Othello*. *English Studies* 4,398-411.

Kim, L., 2013, Figures of silence in Dio Chrysostom's *First Tarsian Oration* (OR. 33): Aposiopesis, paraleipsis, and huposiôpêsis. *Greece & Rome* 1,32-49.

Kuiken, D., 1981, Non-immediate language style and inconsistency between private and expressed evaluations. *Journal of Experimental Psychology* 17,183-196.

Labov, W. & Fabsbel, D., 1977, *Therapeutic Discourse: Psychotherapy as Conversation*. New York: Academic Press.

Lagerwerf, L. & Meijers, A., 2008, Openness in metaphorical and straightforward advertisements: Appreciation effects. *Journal of Advertising* 2,19-30.

Lakoff, R., 1973, The logic of politeness: Or minding your p's and q's. *Chicago Linguistics Society* 9,292-305.

Lanham, R., 1991, *A Handlist of Rhetorical Terms*. Berkeley/Los Angeles/London: University of California Press.

Larrazabal, J. & K. Korta., 2002, Pragmatics and rhetoric for discourse analysis: Some conceptual remarks. *Manuscrito* 2, 33-48.

Lausberg, H., 1998, *Handbook of Literary Rhetoric: A Foundation for Literary Study*. Translated by Bliss, M. *et al.* Edited by Orton, D. & R. Anderson. Leiden/Boston/Koln: Brill.

Leech, G., 1983, *Principles of Pragmatics*. London and New York: Longman.

Lehtsalu, U., G. Liiv. & O. Mutt., 1973, An Introduction to English Stylistics. ?

Lobb, E., 2012, Ellipsis and aposiopesis in "*The Love Song of J. Alfred Prufrock*". *Connotations* 2, 167-186.

Locher, M. & R. Watts., 2005, Politeness theory and relational work. *Journal of Politeness Research* 1, 9-33.

Locher, M., 2015, Interpersonal pragmatics and its link to (im)politeness research. *Journal of Pragmatics* 86, 5-10.

Mahowald, K. *et al.*, 2013, Info/information theory: Speakers choose shorter words in predictive contexts. *Cognition* 2, 313-318.

Malinowski, B., 1923, The problem of meaning in primitive languages. In supplement 1 to C. K. Ogden & I. A. Richards. *The Meaning of Meaning*. London: Kegan Paul.

Martinovski, B., 2006, A framework for the analysis of mitigation in courts: Toward a theory of mitigation. *Journal of Pragmatics* 38, 2065-2086.

Maynard, D., 1998, Praising Versus Blaming the Messenger: Moral Issues in Deliveries of Good and Bad News. *Res Lang Soc Interact* 31, 359-395.

Merrill, J. & T. Bolt., 1991, James Merrill. *BOMB*, Summer, 38-42.

Morgan, A., 2016, Hybrid speech acts: A theory of normative thought and language that 'Has It Both Ways'. *European Journal of Philosophy* 3, 785-807.

Mussio, T., 2006, The poetics of compression: The role of aposiopesis in the representation of conversion in Dante's *Commedia*. *Proceedings of SPIE—The In-*

ternational Society for Optical Engineering 1,157-169.

Naas,M.,1996,Blanchot…writing…ellipsis. *Qui Parle* 1,89-112.

Nelson,M.,2016,Apodosis aposiopesis. *Word Ways* 3,230.

Nemesi,A.,2013,Implicature phenomena in Classical Rhetoric. *Journal of Pragmatics* 50,129-151.

Newbould,M.,2008,Sex,death and the aposiopesis:Two early attempts to fill the gaps of Laurence Sterne's *A Sentimental Journey. Postgraduate English* 17,1-27.

Newcombe,N. & Zaslow,M.,1981,Do 2½-year-olds hint? A study of directive forms in the speech of 2½-year-old children to adults. *Discourse Processes* 4,239-252.

Panasenko,N.,2012,Linguistic markers of emotional concept LOVE in literary texts. *US-China Foreign Language* 4,1067-1084.

Peacham,H.,1971[1577],*The Garden of Eloquence.* ?:Scholar Press.

Piazza, F., 2013, Rhetoric and pragmatics:Suggestions for a fruitful dialogue. In A. Capone *et al.* (eds.),*Perspectives on Pragmatics and Philosophy,Perspectives in Pragmatics, Philosophy & Psychology* 1(pp. 537 - 555). Cham:Springer International Publishing Switzerland.

Pilkington,A.,1991,Poetic effects. In R. Sell (ed.). *Literary Pragmatics.* London:Routledge.

Pilkington,A.,2000,*Poetic effects:A Relevance Theory Perspective.* Amsterdam · The Netherlands:John Benjamin's Publishing Co.

Preminger,A. & T. Brogan.,1993,*The New princeton Encyclopedia of Poetry and Poetics.* New Jersey:Princeton University Press.

Puttenham,G.,2007,*The Art of English poesy.* F. Whigham & W. Rebhorn (eds.). New York:Cornell University Press.

Quintilian, M., 1920, *Institutio Oratoria.* Translated by Butler, E. Cambridge:Harvard University Press.

Quirk,R.,*et al.*,1985,*A Comprehensive Grammar of the English Language.* London:Longman.

Raymond, G., 2004, Prompting action:The stand-alone 'so' in ordinary conversation. *Research on Language and Social Interaction* 2,185-218.

Rodriguez, L. *et al.*, 2007, Pushing up daisies: Implicit and explicit language in oncologist-patient communication about death. *Support Care Cancer* 15,153-161.

Rohrberger, M. & Woods, S., 1979, Alchemy of the Word: Surrealism in "*Tristram Shandy*". *Interpretations* 1,24-34.

Sanger, K., 2001, *The Language of Drama*. London and New York: Routledge.

Savoy, E., 1995, "In the Cage" and the queer effects of gay history. *NOVEL:A Forum on Fiction* 3,284-307.

Searle, J., 1975, The logical status of fictional discourse. *New Literary History* 2,319-32.

Searle, J., 1979, Expression and Meaning: Studies in the Theory of Speech Acts. Cambridge: CUP.

Shears, J., 2008, Byron's aposiopesis. *Romanticism* 2,183-195.

Short, M., 1998, From dramatic text to dramatic performance. In Culpeper, J. Short, M. & P, Verdonk (eds.). *Exploring the Language of Drama* (pp. 6-18). London and New York: Routledge.

Spencer-Oatey, H., 2008, Face, (Im) Politeness and rapport. In H. Spencer-Oatey (ed.). *Culturally Speaking: Culture, Communication and Politeness Theory* (2nd edtiton) (pp. 11-47). London: Continuum.

Sperber, D. & D. Wilson., 1986/1995, *Relevance: Communication and Cognition*. Oxford: Blackwell Publishers.

Sperber, D. & D. Wilson., 1990, Rhetoric and relevance. In J. Bender & D. Wellbery (eds.). *The Ends of Rhetoric: History, Theory, Practice* (pp. 140-156). Stanford: Stanford University Press.

Sperber, D. & D. Wilson., 2001 [1995], *Relevance: Communication and Cognition*. 北京:外语教学与研究出版社.

Sperber, D. & D. Wilson., 2005, Pragmatics. *UCL Working Papers in Linguistics* 17,353-388.

Sullivan, C., 2008, Peevish weariness, aposiopesis, and the irresolute conscience. *Rhetoric of the conscience in Donne Herbert & Vaughan*(?),157-193.

Tannen,D.,1993,*Gender and Conversational Interaction*. New York:Oxford University Press.

Terkourafi,M.,2013,Re-assessing the speech act schema:Twenty-first century reflections. *International Review of Pragmatics* 2,197-216.

Thomas,R.,2000,A Trope by any other name:Polysemy,ambiguity,and significatio in Virgil. *Harvard Studies in Classical Philology*(?),381-407.

Toolan,M.,1997,A few words on telementation. *Language Sciences* 1, 79-91.

van Eemeren,F. & R. Grootendorst.,2004,*A Systematic Theory of Argumentation*. Cambridge:Cambridge University Press.

Vento,A. *et al.*,2009,An experimental investigation of the dilemma of delivering bad news. *Patient Education and Counseling* 77,443-449.

Vickers,B.,1984,Figures of rhetoric/figures of music? . *Rhetorica:A Journal of the History of Rhetoric* 1,1-44.

Watts,R.,2003,*Politeness*. Cambridge:Cambridge University Press.

Weideman,A.,2007,The idea of lingual economy. *Koers Bulletin for Christian Scholarship* 4,627-647.

Weiser,A.,1974,Deliberate ambiguity. *Chicago Linguistics Society* 10, 723-731.

Weizman,E.,1989,Requstive hints. In S. Blum-Kulka,J. House & G. Kasper (eds.). *Cross-cultural Pragmatics:Requests and Apologies* (pp. 71-95) . Norwood,NJ:Ablex.

Wiele,H.,2016,The loss of poetic effects:From indeterminate to conventionalised meaning. *Language and Literature* 1,54-71.

Wilson,D. & D. Sperber.,2004,Relevance theory. In L. Horn & G. Ward (eds.). *The Handbook of Pragmatics*(pp. 606-632). Oxford:Blackwell.

Wilson,D.,2015,Relevance theory. In Huang,Y. (ed.). *The Oxford Handbook of Pragmatics*(pp. 79-100). Oxford:Oxford University Press.

Wolfson,N.,1981,Invitations,compliments and the competence of the native speakers. *International Journal of Psycholinguistics* 25,7-22.

Wray, A., 2002, *Formulaic Language and the Lexicon*. Cambridge: Cambridge University Press.

Yoo, I., 2011, Ellipsis with last and next in written American news language. *Journal of Pragmatics* 43,1663–1674.

Yus, F., 2002, Book review: Poetic effects: A relevance theory perspective. *Journal of Pragmatics* 34,619–628.

致　　谢

　　本书是基于本人的博士论文、补充新近相关研究而成。下文是本人博士论文的致谢辞，如今读起来，读书期间的情形仍历历在目，因此这里不做修改，原文呈现如下。

　　先贤常以"吟安一个字，捻断数茎须"的功夫以求"一吟双泪流"的效果，看着自己手中匆匆而成的文稿，不免惶恐。掩卷回望，一瞥而过的三年令人思绪万千！

　　2015年4月初，一个日思夜盼的电话结束了度日如年的等待，连日的各种沮丧、假设一举消散，瞬间被"仰天大笑出门去，我辈岂是蓬蒿人"的"豪迈"充斥，捉笔写下"舍川渝破三峡过荆襄一路惊涛骇浪一意赴金陵"来小结自己的求学经历，不过立刻尴尬地发现不知道下一句该写什么。直到今天才发现，下一句是要三年后才能续的。

　　首先要感谢我的导师陈新仁老师，感谢老师的再造之恩。感谢他忍痛割舍其他非常优秀的考生，把机会留给了我，让我圆了考博面试时说的"不读博士死不瞑目"的梦想。以至于当我意识到正面对的是以前那个在书本上、主席台上、答辩桌对面的专家时经常表现得紧张和局促。他也看出了我的不自信，因此，似乎从来没有批评过我，一直都是鼓励，让我意识到自己也有变得强大的可能。在学术上，他更是容忍我很多的知识漏洞，只是指出或修正，从不责备。尤其是在研究方法上，无论是写小论文还是大论文的过程中，经常得到老师的单独指导，具体到如何选择研究对象，如何收集、识别、分析语料，如何建立研究框架等，他都耐心地详解。每当意识到我问的问题显得幼稚时，我常常偷瞄他的眼神，但从未看到哪怕是一丝的鄙夷。更令我感佩的是他敏锐的学术思维、一针见血的指导意见，这尤其体现在每周的研讨课上。如今想到以后也许再无法每周二固定的时间走向那个固定的位置聆听老师的指导，怅然若失之感油然而生。三年来，虽然外表更添"破坏性"，但我知道自己现在动力强劲，因为您给我安装了一台崭新的发动机！

感谢魏向清教授，徐昉教授，周丹丹教授，王海啸教授，张翼博士。他们在课堂上、讲座中、答辩中、生活中让我深味到他们的学术造诣以及人格魅力。感谢他们以多种方式对我的直接指导或间接影响，在我身上刻下南大的印记。感谢何自然教授，莫爱屏教授，何刚教授，辛斌教授，张辉教授，王永祥教授。感谢他们在我论文开题、预答辩、答辩中提出的所有宝贵意见，不仅深化了我对本研究的认识，更开拓了我的学术视野。他们提携后学的温情必将成为我一直在学术道路上走下去的不竭动力。

感谢我的硕导侯国金教授，是他把我引入语用学的殿堂。我硕士毕业以后他给我制定了详细的计划，并要求我毕业后三到五年必须考上博士。除了学术上的指导外，他对我的生活关爱有加。记得我博士入学时接到他的电话，要给我买笔记本电脑。常常提醒我要多喝水，不要久坐。最近还收到他的信息，问是否缺钱，房子装修缺钱要给他说。感谢侯老师亦师亦父的恩情。

感谢南京大学外国语学院的陈静老师。她是第一个从心理学的专业角度让我对自己有了较为全面、清楚认识的人。她善于从只言片语中发现我（们）心中潜藏的某种渴望，并总有办法帮我（们）唤醒这种渴望从而释放自己的潜能。如果说我的毕业论文进展比较顺利的话一定跟陈静老师有直接的联系。每当感觉迷茫或沮丧的时候总是想到去叩响她总是向我敞开的办公室的门。还要感谢外国语学院的陈爱华老师，无论有多少麻烦的事情去找她，她都是满脸笑容，耐心地提供各种帮助。

感谢已经毕业的学长以及在校的同门们。他们是毛延生，李民，任育新，袁周敏，季小民，郭亚东，邓兆红，王晓燕，张结根，李娟，陈梅松，任娟娟，邱佳，李梦欣，沈星辰，李捷，杨昆，夏秸，白佳芳，郭加宾，解冬悦，等。与他们在一起有不竭的动力和乐趣。在我写论文的过程中他们提供了很多宝贵的建议，以及在最难熬时刻的陪伴。学问上，他们激扬文字都是好手，生活中，他们嬉笑怒骂皆成文章。如果没有他们，无法想象何以度过这艰难的三年。

感谢我工作单位的领导和同事们，他们是田耘，李昌平，傅静，肖洁，谭道玉，林登萍，李艳，肖莉，黄睿，冯梅，王琳，等。领导们给了我他们能够提供的最大支持，同事们解决了我的很多后顾之忧。

感谢我的爱人蔺益超，她何止是有一个男生的名字，更是在家里承担了超过男人的重担，并给我绵延不绝的、质朴的动力。从本科到硕士毕业我欠下大笔学费，直到读博三年的穷困潦倒，这么多年来的窘迫倒成了我们常常戏言过去的资本。她常常在我看书的时候倒一杯水，或者是吃完饭吩咐我"去休息一下"，然后开始收拾。她说愿意尽力支撑我的简单的爱好——不打麻将、不抽烟，只是喜欢安静地看看书。她从不怒怼而是常常津津有味地听我从语用学"专业"角度分析她和我斗嘴时说的话里的"含意""预设"等，以至于我们极其少有的斗嘴都往往以笑场作为结束。她在家里教育儿子要向爸爸学习，以至于三年来，虽然在空间上孩子的父爱是缺失的，但从每次回家儿子对我的期待，以及把他爸爸当作大英雄，我知道，是他妈妈在帮我建构一个正面的父亲形象。还要感谢我的岳父岳母，他们不顾年老体衰，一直帮我辛苦地带孩子。还要感谢我的哥哥、姐姐、姐夫们，没有他们一直的大力支持就没有我的今天。

最后，我还要感谢我的父母，虽然他们再也无法看到他们儿子取得的成绩，也听不到他们的儿子多少次因为失去他们而在夜里默默地啜泣。我拼命想与时间赛跑，去冲击一个又一个的终点线。我不顾一切往前跑，以为他们每次都在终点线等我，也许他们在我跑的时候跟跑了一小段，也许他们在喊我的名字，也许他们叫我别跑，或者跑慢点，但我顾不上，等冲到终点，却发现他们根本不在那里。是他们让我真正认识到世间最宝贵的东西。一切的名利何及与你们在一起的任何一个瞬间！

读博行将结束，体会到人生最宝贵的不过一个"情"字。于是，今晚，用同样拙劣的文字续上几年前的那一句作为结束：
失父母得恩师结兰襟三生镂骨奇情三世牵衷肠。

最后，尤其感谢中国社会科学出版社任明先生以及其他相关工作人员，没有他们的辛苦付出就不可能有本书的如期出版！